GAODENGJIAOYU GAIGE LUN

GAODENGJIAOYU GAIGE DE LILUN SHIJIAN YU SIKAO

高等教育改革论

——高等教育改革的理论、实践与思考

者贵昌 著

人民出版社

前　言

我国加入 WTO 以来，国内外高校的竞争格局发生了新的变化，这就是由过去"引进来"的保护性单向开放逐步转向"引进来"和"走出去"的非保护性双向开放，由加入世贸组织前的"远距离竞争"逐步转向加入世贸组织后的"零距离竞争"。国际教育的竞争形势日趋激烈，核心竞争力的强弱，成为高等教育能否长期生存发展的生命线，虽然影响高校核心竞争力的因素日益增多，但是我们在教学管理中策略的运用应该是打造高校核心竞争力的一个重要"支点"。作者结合自身长期从事高等教育的实践经历，在学习、总结的基础上，对以下问题提出一些思考。

1. 在新的国际竞争格局下，高校的改革和创新、高等教育的发展和进步，人才至关重要

高校管理者居于首要位置。这就是在高校的改革、创新、发展进程中，我们既需要抓住机遇的"将才"，更需要创造机遇的"帅才"，二者缺一不可。但是我们需要明确"帅才"的产生是从"将才"岗位上的长期磨炼中"提炼"出来的。

2. 随着我国社会制度的变迁，高校并非是社会发展进程中的一块净土

随着我国经济领域市场化进程的加快和国内外高等教育竞争的加剧，中国的高等教育面临着内外多种复杂因素。其中：高校投资决策失误、各种违规、违法事件屡禁不止，成为我国社会关注的

焦点。因此，加强法制建设，规范高校决策程序，加大对高校决策者监督力度，净化高等教育环境成为我国高等教育可持续发展中不可回避的重要课题。

3. 世界各国的经验表明，高等教育并非是公共产品，差别在于各国的发展水平不同，公益成分的占比不同

从中国的高等教育来看，虽然具有公益性事业的成分，但绝对不是公共产品。因此免费教育是不可能的，全部由政府买单也不符合中国国情，问题的关键是如何科学、合理确定政府与受教育者家庭的分摊比例。目前我国高等教育的收费结构，并未确定高校评定等级的收费级差系数，这从理论上说，是不公平的。

4. 在我国高校长期的教学实践中，高校教师执业行为是一个非常活跃的因素

高校教师执业水平的高低取决于学校的软、硬环境建设，硬环境（制度建设）决定了高校教师执业过程中的规范程度，软环境（师德教育）决定了高校教师执业过程中的道德水准。因此，要有效避免高校教师执业失职行为的发生，高等院校管理层必须着眼于软、硬环境建设，双管齐下，把解决问题的措施落到实处。

5. 全面推进创新教育，高校教师必须具有创新精神和创造能力

在知识经济条件下，教师的教学模式、教学组织形式、教学工程的时空条件、教学内容、教学手段以及教师角色等都发生了很大的变化。因此，高校在推进教师继续教育工程的具体实施中，应重点培养教师现代教育的网络技术素质。

6. 在我国改革开放的进程中，经济生活中的各个方面都面临国际化的考验，各行业都在进行着现代化的实践和探索

由于高等教育培养人才的特殊性，大学教师不仅面临着现代化问题，而且处于重要的领先位置。大学教师现代化涉及社会、学校、教师本人等多方面的因素，大学教师现代化是一个动态的概

念，大学教师要把握最新的理论、最新的知识、最新的方法、最新的技能，只有不断学习，树立终身学习意识，只有真正做到"自觉→自律→自学→自新"，才能不断适应社会发展变化的要求，在新的历史条件下，为我国高等教育事业的发展创造新的辉煌。

7.在新的历史条件下，高校教育工作者必须重视关联性研究

我们应该重新定位现代高等教育社会化的基本内涵，全面认识和分析高校人才培养工作的艰巨性、多样性、复杂性和创新性。并结合高校教师的职业特点，对教师的压力状况、影响因素进行比较全面的跟踪调查研究，建立相关数据库资料，分析外部影响因素，排除外部干扰，为有效解决问题奠定坚实的基础。

8.从国际高等教育的发展趋势来看，现代化的高等教育已经发展为一种品牌教育，现代化的大学已经发展成为一所品牌性高校

从人才培养到社会服务，从高校的发展战略到学校的社会影响，从科研成果的产出到成果的转化为生产力等各个方面，无不涉及高校的教育品牌建设。打造高校教育品牌有利于提高学校的知名度、美誉度、忠诚度，确保我国高等教育的可持续性发展。因此，从高校教育品牌具体内涵出发，深入分析和研究高校的教育品牌建设问题，具有十分重要的划时代意义。

作者针对以上问题，结合我国的具体实际，从"高等教育改革、师德建设、教师素质、教学管理、公共关系及高校品牌建设"等方面进行了分析和研究。作者认为，高等教育改革涉及办学理念、管理机制、决策机制等多方面的现实问题；在新的历史条件下，师德建设成为我国高校不回避的现实问题，其中：把握诚信与道德的关系、分析教师执业失职行为的深层原因，是寻求解决问题的关键；教师素质成为社会制度变迁中必须关注的问题，其中：树立终身教育理念，构建信息时代"教"、"学"互动关系成为高等教育者必须实践的新课题；强化教学管理是高校质量工程建设的必

备环节，其中：全面认识和分析高校教师面临的种种压力，重视团队建设，探寻新形势下的团队合作模式，成为推进高等教育质量工程的重要保证；在新的历史条件下，妥善处理公共关系，有效探索校园和谐文化建设，从高校教育品牌具体内涵出发，深入分析和研究高校的教育品牌建设路径、方法和措施，是时代赋予我们的重要使命。

　　当然，中国高等教育的改革、创新与发展是一个复杂的系统性工程，我们每个高等教育工作者都必须面对现实问题去努力探索和实践。对相关问题的认识和分析可谓"仁者见仁、智者见智"，由于作者的认知能力有限，书中对有关问题的认识、分析和看法以及所用的分析方法难免有不妥之处，望读者予以批评指正。

者贵昌

二○一一年六月十二日

目　录

前　言 ……………………………………………………………… *1*

第一章　高等教育改革 ……………………………………… 1

第一节　现代大学的八种管理理念 …………………………… 1

第二节　人本管理精神与高校管理的创新思路 ……………… 9

第三节　高校管理变革：由"授权管理"转向

　　　　"赋权管理" …………………………………………… 17

第四节　高校决策失误的表现诱因及控制 ………………… 24

第五节　我国高校收费结构评价模型的设计与应用 ……… 36

第二章　师德建设 ……………………………………………… 50

第一节　教育诚信与高等院校道德问题 …………………… 50

第二节　高校教师执业失职行为的分析和研究 …………… 66

第三节　新时期我国高校师德建设的着力点 ……………… 79

第四节　大学班主任工作中的人文精神 …………………… 87

第三章　教师素质 ……………………………………………… 94

第一节　知识创新呼唤高校创新教育 ……………………… 94

第二节　高校教师终身教育的基本思考 …………………… 101

第三节　大学教师"现代化"的几个基本问题 …………… 109

第四节　高校"教"、"学"互动关系的基本构建 ………… 117

第四章 教学管理 ·········· 125

第一节 创建高校"学习型组织"的探索与研究············· 125

第二节 组织管理中教师角色压力的基本分析·········· 134

第三节 高校教师团队心智模式耦合路径的分析与探讨····· 142

第四节 大学教师提高课堂教学效果的实践与思考········· 150

第五节 本科导师制：一个来自欠发达地区高校的实践报告·· 158

第五章 公共关系及社会评价 ········· 168

第一节 高等教育创新：应对知识经济的挑战·········· 168

第二节 高校公共关系的基本研究·············· 176

第三节 开创新时期高校思想政治工作新局面，
推进和谐校园建设 ·········· 183

第四节 校园文化建设的基本思路 ·········· 191

第五节 中国高校：教育品牌建设评价模型的
分析和研究 ·········· 201

参考文献 ·········· 211

第一章　高等教育改革

——跨时代的课题

第一节　现代大学的八种管理理念

问题评析

当前，我国高等教育的发展正面临着来自全球化的严峻挑战。面对无法回避的全球化，我们的唯一选择就是树立科学的教育发展观，寻求高等教育可持续发展的可行路径。如何选择？首先在于管理理念的更新，只有拥有顺应时代要求的管理思想，才能付出符合国情的发展行动。

随着我国高等教育体制改革的不断深入，大学的管理理念在不断变化，高校的办学模式正在由计划经济时期的"计划指标性办学"向市场经济时期"市场需求性办学"方向转变。面对学生的日益增长和社会多元化的人才需求，面对加入WTO后的全球教育竞争，作为21世纪的大学管理者，必须具有现代经营管理理念，以适应高等教育事业可持续性发展的客观需要。

一、系统理念：高校与社会协调发展的重要基础

一所大学本身就是社会的一个子系统，该系统包括工作人员、教师、学生、经费、各种教学实施、设备、技术等要素。因此，系统理念首先体现在一个整体的观念上。首先，整体观念强调的是各要素之间的相互联系、相互协调、相互制约，只有充分运用系统观念来指导大学的工作和教育实践，才能使学校成为一个充满活力、富有生命力、高效运转的有机体。其次，系统理念要求我们把大学这个子系统与外部社会的母系统的联系紧密结合起来。大学的管理不仅是自身系统的管理，而且还受到外部环境的影响。就内部来说，要重点抓好各部门、各学院、各要素之间的分工协作。从外部来看，要密切关注相关单位、相关领域的发展动态，特别要重视相关大学的发展状况，借鉴他人的成功经验，取长补短，发展壮大自己。系统管理是一种适应现代要求的管理模式。我们把大学作为社会的一个子系统进行设计和运作，目的在于使各职能部门、各办学实体学院、各资源要素按照整体框架运行，建立有效的资源共享体系。

二、人本理念：高校人力资源开发的关键环节

"人力资源"是大学的生命力之根本，是大学生存发展的第一要素。日本松下幸之助曾经说过："优秀的企业离不开优秀的员工队伍，优秀的员工只有在优秀的企业才能发挥更大的作用"。对此我们可以推论："著名的大学离不开知名的大师，知名的大师只有在著名的大学才能发挥更大的作用。"所以，作为大学的管理者必须重视学校人力资源的开发，只有遵循"以人为本"的管理理念，才能充分发挥员工的主观能动性，这是现代大学管理的基本价值取向。现代管理学家普遍认为，管理的对象是人，管理内容不仅在于"管人"，更在于"理人"。"理人"包含着领导与员工之间、员工与员工之间、上下级之间有良好的沟通、真诚的对待、发自内心的关怀、尊重、理解和支持他人发展等丰富内涵。俗话说："没有规矩，不成方圆。"但是，如果人的积极性未调动出来，规矩越多，制度越细，管理成本越高，负面效应越大。好的制度能为组织的稳定发挥"铆钉效应"（Rivet Effect），对各项业务的拓展发挥"平台"作用。人本管理理念，就是要重视员工的价值，提高员工的地位和作用，充分体现员工的行为在大学管理目标中的意义。为此。大学管理者们必须认清员工的各种需要和行为之间的关系，了解人与人之间、个人与集体之间、部门与部门之间、领导和员工之间的关系，以此来改造组织结构、完善管理方式，营造良好的校内环境，建立和谐向上的人际关系，从物质和精神上引导员工的行为目标与学校的发展目标相一致，激发员工的内在动力，强化工作上的自觉性、自主性、自律性，使他们能够创造性地工作，为学校的发展奠定坚实的基础。

三、质量理念：提升高校竞争力的重要基石

质量是争取竞争优势的基本手段，在市场经济社会，没有质量就没有优势、没有质量就没有竞争力、没有质量就没有品牌。我国自 1999 年高校的连年扩招以来，高校师生比例发生了显著的变化，由 1998 年的 1：11.6[①] 提高到 2008 年的 1：17.23[②]。其中一个突出的问题是人才培养质量有明显下降趋势，这个问题不仅引起了教育部的高度重视，引起全国教育专家的极大关注。高校人才培养质量下降，原因是多方面的，譬如：1999 年以来，高校的师资状况与扩招形势下的"大众化教育"矛盾日益突出；高校扩招生源素质发生明显的变化；经济社会转型对人才素质的要求提高；社会人才需求的多元化和高校人才培养单一化的错位矛盾等等，从某种角度

---

① 教育部：《1998 年全国教育事业统计公报》，《中国教育报》2000 年 9 月 10 日。

② 教育部：《2008 年全国教育事业统计公报》，《中国教育报》2009 年 7 月 16 日。

上说，高校面临的质量问题并不是偶然现象，因为经济社会的转型与高等教育的深化改革客观上存在一个磨合和调适过程。我们从西方发达国家的高等教育来看，从"精英教育→大众教育→普及教育"也经历了类似的过程。但是，笔者认为，存在的问题并非和高校无关，存在问题并不可怕，关键在于我们采取什么样的态度。大学管理者的责任就是深化特制改革，完善运行机制，增强社会适应能力，尽快缩短高校与社会的磨合和调适周期。因此，树立以质量为核心的全面教育质量管理（Total Quality Management）观念，是提高大学竞争力的基本要求。大学的质量理念就是要把人才培养质量和社会服务质量作为自己的职责，强化管理措施、落实管理责任，并带动员工积极参与质量的监督和管理，增强质量意识，在校内形成人人关心质量、人人对质量负责的良好氛围。进而把"质量第一"的原则贯穿于学校管理、教学和科研工作的每一个环节。

四、竞争理念：高校可持续发展的动力源泉

竞争是市场经济的基本法则，也是法治经济的重要特征。把竞争机制引入大学是 21 世纪我国高等教育改革和发展的必然要求。作为新世纪的大学管理者，应具有四种竞争理念：一是能力竞争理念。要把学校的组织、管理、人才培养、教育创新、科技创新以及研发能力整合为独特的竞争能力，拥有迅速适应不断变化的形势、环境和机遇，并长期保持这种优势。二是战略竞争理念。现代大学的管理者要抛弃传统的"小家子气"的做法，要有大将风度，把目光放得更高，视线看得更远，校长的首要任务是学校的整体利益和长远的发展目标。三是协作竞争理念。在现代社会的高等教育中，联合与合作是一种必然发展趋势，由传统的"绝对优势"的比较和判断转向"相对优势"的判断和选择，是 21 世纪我国高等教育共谋发展的必然选择。大学的管理者要有强烈的协作竞争意识，要有

由过去那种同行相互排挤，一方想吃掉另一方"输——赢"竞争变为相互协作、互惠互利、共存共荣的"双赢"竞争。四是人才竞争理念。现代社会的竞争归根到底是人才的竞争，必须把人才当做最宝贵的财富，做到全力吸引人才、设法留住人才、想方开发人才和合理利用人才。就整个社会来说，人才流动是社会发展和进步的重要标志，但是，就一所大学来说，人才的频繁流动则是学校衰落的前兆。世界上著名的大学为何对有突出贡献的人才推行教授终身制，根源就在于此，因为它们的大学校长非常清楚，放走一个人才将给学校带来重大的损失。当然国内也有大学校长认为："当今社会，人才有的是，爱走就走，爱留就留，旧的不去，新的不来。"这种观点笔者实在不敢苟同，如果真是这样的话，那么他们忽视了一个重要问题，那就是我们对此付出了巨额的人才培养成本，因为"育才"和"种树"毕竟不是一个对等的概念。所以，我们既不能把大学当做人才市场，更不能把大学当做来去自由的驿站。我们再也不能让"格雷欣法则"①在大学师资队伍的培养中蔓延了。现代大学必须创造"环境留人、待遇留人、机制留人、事业留人、感情留人"的五个环境，只有这样才在现代竞争中立于不败之地。

五、形象理念：提升高校无形资本的重要步骤

形象建设在高等教育的事业发展中占有十分重要的地位。塑造优秀的现代大学形象不仅是时代发展的要求，而且是大学管理者的历史责任。高校的形象如何——来自舆论界的力量，在社会主义

---

① 格雷欣法则：是一条经济法则，又叫"格雷欣定律"，也称"劣币驱逐良币法则"，是由16世纪英国金融家、商人托马斯·格雷欣提出来的。当时，市场上流通的是金属铸币，时间长了，人们发现足值与不足值的铸币可以一样使用，于是，人们就把成色好的足值铸币（良币）储藏起来，而把不足值的铸币（劣币）赶紧花出去。结果，劣币把良币赶出了市场，这样，市场上流通的货币所代表的实际价值就明显低于它的名义价值了。

市场经济体制改革的进程中，应该承认，我国的高等教育没有突破计划经济时期的传统教育观念，目前还处于一种计划指标控制封闭的系统循环之中，高校没有获得真正的办学自主权。这种状况被我国的经济学家和教育学家称为"中国市场经济体制建设中的最后一个堡垒"。近年来，随着我国高等教育体制改革的深入，高校扩招使我国的高等教育获得了由"精英教育"向"大众教育"转变的阶段性突破，但就总体而言，我国高校对整个社会的影响还不够突出。很多人不了解高校的地位、职能和作用，更不知道高校除了办学、培养人才以外还有哪些功能。这些正是我们在工作中忽视了舆论界的力量。任何一种事业，要发展壮大，都必须得到整个社会的重视和支持。高校也不例外，它的繁荣和发展有赖于整个社会的关心、理解和支持。首先，从外部来看，我们要利用一切机会，动员社会的一切舆论来宣传高校的性质、地位和作用，普及科技文化知识、提高人的综合素质，要使人们认识到高校在国民经济发展中占有举足轻重的地位，更要使人们认识到提高中华民族的综合素质，实现中华民族的伟大复兴，高校所承担的责任。其次，从学校内部来看，我们要转变传统的认识，具有与时俱进的思想观念。过去我们说"大学乃大师也"，21世纪的今天应变更为"大学乃大师＋大楼也"。因为，如果没有大楼（现代化的办公设施和教学条件），仍然沿用"三尺讲台＋粉笔＋黑板"的传统人才培养模式，那么"大师"必然就会离我们远去。最后，就管理者而言，只有形成强大的亲和力、感召力和凝聚力，才能赢得员工的信赖和支持。作为现代大学校长要有战略眼光，要准确把握现在，分析预测未来；具有深厚的理论功底，及时掌握现代技术；具有高尚的道德修养，宽广的胸怀；具有较强专业素质，熟悉大学管理的基本流程；具备较强的组织工作能力，协调好复杂的人际关系；减少摩擦，降低内耗；营造良好和谐的人文环境，为人才提供施展才华的发展空间。

六、创新理念：高校获得竞争优势的重要条件

创新是 21 世纪的永恒主题，知识经济的生命和源泉在于创新，社会的发展和进步在于创新，全面实现小康社会在于创新，大学的可持续性发展也在于创新。在知识经济时代，知识、信息大爆炸已成为不争的事实，随着科学技术的迅速发展，为我国高等教育的发展带来了良好的机遇和严峻的挑战。大学只有进行不断的创新，才能跟上时代的步伐。著名经济学家熊彼特曾经说过："企业家的职能就是实现创新和引进创新的组合。"现代大学的管理者必须树立强烈的创新意识，如何进行创新？首先，创新要符合实际。要根据社会对人才的需求形势，以受教育者——学生的实际和需要为依托，以学校的内部条件为基础，推行渐进式改革思路，才能确保创新目标的实现。其次，创新要有全面的系统性。根据系统论的观点和方法，整体功能的提高，必须通过系统内部各要素的共同改善来实现。大学作为社会的一个子系统，其创新包括人才培养模式、教育手段、教育技术、管理模式、规章制度、组织结构、管理思想等一系列内容。只要实现这些要素有机组合，才能实现创新发展的目标。

七、自我完善理念：高校审视自我的重要方法

党的十六大报告明确指出："坚持用时代发展的需求审视自己，以改革的精神加强和完善自己，这是我们党始终保持马克思政党本色，永不脱离群众和具有蓬勃活力的根本保证。"因此，对现代大学的管理者来说，不仅面临体制转换的考验，还面临着全球信息技术革命和时代变革的挑战。在新的历史条件下，管理者们只有正视现实，用时代发展的要求审视自己，以改革的精神加强和完善自己，使自己尽快适应时代的要求，才能以卓有成效的工作业绩实现自身特定的人生价值。现代大学是一个具有多学科、多门类、多层次的综合性办学实体。现代科学技术对社会各领域的渗透性越来

强，因此，对大学管理者的素质提出新的更高的要求。首先，他应该成为一专多能的复合型专家，只有掌握广博的专业知识和熟练的管理技能，才能在大学管理中运用自如。其次，他必须拥有爱岗敬业的拼搏精神，热衷于高等教育事业，把培养优秀高级人才为己任，在困难和挫折面前自强不息，为实现既定目标而奋斗。最后，他们必须有较强的社会公关能力。只有加强高校与社会各界的广泛联系，才能获得社会各界对高等教育事业的支持，才能在社会发展和制度变迁中获得新的收获，使大学更好地融入社会，创造高等教育事业的新辉煌。

八、协调管理理念：发挥高校整体效能的重要前提

作为现代大学的管理者，在管理中，协调非常重要。要实现大学既定的目标，必须有四种意识：一是凝聚意识。要把众人的思想统一成一种思想，把众人的力量扭成一股力量，产生强大的内在向心力，使人们朝着既定的目标去努力工作。二是优化意识。在传统大学向现代化大学的转型过程中，必须适应社会环境的发展变化，具备较强的优化能力，使学校的教育不断满足社会发展的要求，改革方案的实施、内部组织结构的调整以及教育资源布局都要审时度势，优化配置，做到优势互补、协调发展。三是激励意识。从常规来说，每个员工都希望自己工作得更好，都希望为学校的发展作出更大的贡献。但是人们认识事物的角度是不同的，人与人的能力是有差别的，贡献的大小是有差异的。因此，作为大学的管理者来说既要调动员工的积极性，又要善于利用激励机制强化大学的管理，营造一种"团结协作、奋发向上"的工作氛围。四是用人意识。一个有远见卓识的大学校长，必须树立正确的用人观。要想办法调动员工的积极性，做到"人尽其才，物尽其用"，"扬长避短，各尽所能"使他们的才能得到充分的施展和有效的发挥，这是一个

明智的大学校长所追求的目标。就一所大学来看，人才来自四面八方，他们的个性、知识结构、实际能力、社会关系、社会背景都有很大的差异。因此，在管理中应把握他们的优缺点，按照组织程序，把他们选拔和安排到最适合发挥才能的岗位上。特别是对那些能力强、爱岗敬业、乐于奉献的中青年人才，要大胆提拔和重用，为他们搭建一个施展才华、发挥作用的"平台"。构建起一套"平等、竞争、择优、激励"的用人机制。为学校的发展创造一个充满朝气和活力的人事环境。

研究总结

　　笔者认为，21世纪中国的高等教育，无论从办学条件、办学规模来看，都发生了本质性变化。但是摆在我们面前的是如何提高教学质量，如何提升人才培养水平，这是我国高校普遍面临的一道数学难题，如何求解答案？极为重要的是要找到正确的解题方法。这就是要树立适应现代大学教育发展趋势的管理理念，只有拥有顺应时代要求的管理思想，才能付出符合中国国情的发展行动。

第二节　人本管理精神与高校管理的创新思路

问题评析

　　作者认为，"换位思考"是新时期我国高校管理变革的新思路，它充分强调了以满足人的心理需求为基准，树立"人人为我，我为人人"的理念，其本质是"人本管理"思想的具体体现。在高校的管理改革中，如果能恰当地运用"换位思考"策略，必将对高校的全面发展发挥积极的促进作用。

一、理论前言:"换位思考"策略的提出

高校是国家人才工程的重要载体，是全面提升人才素质和国民经济持续发展的关键组成部分。在新的形势下，高校的发展目标是通过人才培养模式改革，人才培养途径创新，实现培养人、造就人、创新人，全面提升教育质量，最大限度地满足社会各界对人才的需求，有效解决人才培养与社会需求错位的矛盾。然而要实现这一目标，存在一个高校内部的合力问题，就是如何调动全体员工的积极性，使高校上下"内求团结，外求发展"，为实现共同的目标而努力，这是21世纪我国高校管理层应该重视并回答的现实问题。笔者认为，就高校的管理来说，应重视"人"的因素，贯彻"以人为本"的管理思想。在管理中应善于站在对方的角度去思考问题，力求做到对员工和学生有深入的了解，在重视学生需求的基础上，同时关注教工的满意程度，使他们以饱满的热情投入到本职工作，创造出学生满意的最佳效果。

近年来，日本的一些企业在管理中提出了一种"体贴"的经营理念，它们创造出复杂而又具有浓郁人情味的服务技巧。主题内涵是贯彻"以人为本"的管理思想，把他人的需求放在第一位。在具体的管理实践中，必须预先去设想每个客户、每个职员需求可能是什么，可能存在的问题和困难，并积极寻求解决问题的方案。笔者把这种管理思路称之为"换位思考"策略。

二、理性分析：高校"换位思考"策略的基本内涵

所谓"换位思考"，是指在高校的管理运作过程中，主客观双方发生矛盾、出现问题时，管理者能够站在对方的角度去思考问题、面对问题和解决问题。具体来说，包括对内对外两个方面的内容：从对内来看，管理者应站在教工的角度去思考问题、面对问题，分析问题产生的根源，寻求解决问题的有效方法。从对外来看，管理者应从学生和社会的角度去思考问题、面对问题，分析问题产生的根源，寻求解决问题的有效方法。突出体现在"想学生所想、急学生所急、行学生所需"的基本原则。必须指出的是："换位思考"是一种先进的管理理念和有效的管理手段，突出体现了"以人为本"的管理精神，但是在具体实践的运用中，如果换位不当，可能会出现与预期相反的结果。

三、管理效应："换位思考"策略的基本作用

1. 实施"换位思考"，有利于高校管理决策的制定和实施

"思路决定出路"，高校的全面发展，主要取决于高校管理层拥有正确的发展战略。只有内部为员工着想，校内为学生着想，外部为社会需求着想，才能制定出正确的办学决策方案；只有得到教工职员的充分理解和信任，决策指令才能得以顺利实施，并且在社会公众中树立起良好的高校品牌形象。因此，管理者应站在教工、学生和社会的角度，正确分析判定，顺应时代潮流，制定出符合本校实际的办学决策方案，才能获得广阔的发展空间，这是换位思考的关键内容之一。

2. 实施"换位思考"，有利于有效的管理和沟通

心理学家戴维斯（Keith Davis）认为："沟通对于组织来说，非常重要，如同人体的血液循环系统"。我们从"管理"的字意来看，由"管"和"理"组成，管理的对象是人，管理内容不仅在

于"管人"，更在于"理人"。"理人"包含着领导与员工之间、员工与员工之间、上下级之间、教师和学生之间有良好的沟通、真诚的对待、发自内心的关怀、人格的尊重、理解和支持他人等丰富内涵。俗话说："没有规矩，不成方圆。"但是，如果人的积极性未调动出来，规矩越多，制度越细，管理成本越高，负面效应越大。好的制度能为组织的稳定发挥"铆钉效应"，对学校全面发展发挥"平台"作用。有缺陷的制度则会在组织中产生"泥塘效应"（Bog Effect），对组织功能的发挥产生抑制作用。因此，管理和沟通既是组织信息的正式传递，又是人与人、群体与群体之间的情感互动。笔者认为："制度"是"管人"的基础，"换位思考"是"理人"的具体方式，"沟通"则是"管人"和"理人"的中间桥梁。

在高校的改革发展进程中，管理者每天所做的大部分决策事务都是围绕沟通进行的，需要管理者与上级、下级和员工之间进行人际沟通。在这种沟通的环境中，"换位思考"是管理者必备的沟通手段。通过"换位思考"，可以增进双方相互了解、相互尊重，建立双方"互信互赖、相互依存"的和谐的人际关系。

3. 实施"换位思考"，有利于提高内、外的满意度

高校属于第三产业，高校生存和发展的前提在于社会的满意程度以及拥有优质的教学资源。笔者认为，欲使社会满意，一方面取决于管理层正确的决策行为；另一方面则依赖于每个员工的实际行动。员工对学校的管理决策、管理制度、工作环境是否满意是社会对学校是否满意的决定性因素。要想社会满意，必须先使员工满意，员工满意才能带来社会的认可。因为只有当一家高校的教育文化渗透到员工的内心，员工才会真正明白高校追求的价值标准，才能形成"校兴我荣，校衰我耻"的共同意识，自觉维护学校的利益，努力工作，真正做到"自觉→自律→自学→自

新"，使之成为学校发展的强大精神支柱。自觉是发展的前提，自律是进步的保证，自学是创新源泉，自新则是创新的集中表现。就高校的管理者来说，他不可能面对每一个学生去做工作，和学生接触最多的是每一个教职员工。因此，管理者应以研究教职工需求的耐心和激情去研究下属员工的需求，设想除了工作之外，他们还想到什么？有什么不满意的地方？并想办法解决这些问题。只有这样，每个员工才会在自己的工作岗位上以主人翁的姿态去研究学生心理，解决学校与社会、院系与家长、教师和学生之间的矛盾，实现多维关系的沟通和协调，提高高等学校对外的社会满意度。所以"换位思考"在高校经营管理中具有提高内、外满意度的特殊功效。

4. 实施"换位思考"，有利于激活教职员工的工作动机

21 世纪对我国高校的服务提出了新的要求，特别是我国加入 WTO 以后，我们比任何时候都认识到，我国高校在国际竞争中面临着严峻的挑战。传统的教学工作和管理设计已不能适应新形势下高校运行机制的要求，陈旧古板的教学工作方式不能有效激发员工的工作动机，不能使员工产生工作热情、满足感和成就感，并严重阻碍了员工的创新精神，因此，对教职员工工作的再次设计势在必行。作为高校的管理者，要设计出符合本校实际的员工工作机制，首先必须以极大的耐心去倾听员工对工作的看法和意见，不管是批评的、建议的、有时甚至是抱怨的等等。对此不要妄加评论，更不要因语言不顺耳而横加指责，应切实为员工着想，真正去深入了解员工的实际工作情况，并根据实际情况进行员工工作的再度设计，为员工创造一个良好、宽松、和谐的工作环境，为员工提供展示自己才能的机会，激活员工的工作动机，获得工作绩效的最大化。

四、运作忌讳:"换位思考"策略运用中必须注意的问题

在高校的管理运作经中,"换位思考"看似简单易行,但是在具体运用中,存在一个技巧问题。运用得当,会事半功倍,运用失当,则会事倍功半。因此,笔者认为,作为一名大学的管理者,在"换位思考"中应注意以下几个问题:

1. 实施"换位思考",只宜律己,不宜律人

对高校管理者来说,只能要求自己"换位思考",为下属员工着想、为学生着想。而不能要求员工和学生体贴自己,为自己着想,或者要求学生为自己着想。因为,中国有句俗话叫"不在其位,不谋其政",要求他人为自己着想是一种超越现实的需求。管理者只有通过心平气和、实心实意地去运用"换位思考"的管理手段,才能达到员工和学生理解和支持,建立良好的情感沟通。构建顺应时代发展的"教"、"学"互动关系。

2. 实施"换位思考",只宜行动,不宜宣传

"换位思考"的特征是重视人的沟通,重视人的情感,突出现代管理中的"人本精神"。因此,潜移默化的工作效果大大优于先讲出来再行动的工作效果。对外,即对社会公众不应大张旗鼓地去宣传高校内部制定的发展决策、管理制度和追求的经济利益目标。而应脚踏实地地去进行教学改革和教育创新,完善服务措施,强化学校管理,实现对社会的人才培养目标承诺,力戒抬高自己,夸大其词。对内,即对下属员工,应本着严格、规范、求真务实的态度去抓好每一个管理环节。及时处理工作中的隐患和苗头,把握学生的思想动态,做好教育和沟通工作,把问题消灭在萌芽状态。作为管理者要放下架子,敞开办公室大门,多和员工交谈,去了解他们、体贴他们,真正做员工的贴心人,切忌把员工拒之门外,不听群众的呼声,大会小会讲管理、讲制度、讲原则。工作中则不见行动,同员工之间产生"见而远之,见畏三分"的不良效果。在现实

生活中，有这样一句话：群众的眼睛是雪亮的。如果一个管理者能够使员工在实际工作中感受到上级的体贴和关心，感受到"换位思考"的浓郁情味，必定会使员工产生极大的热情，并把这份热情化作工作动力加倍地投入到工作中去。

3. 实施"换位思考"，只宜对下，不宜对上；只宜内对外，不宜外对内

"换位思考"在实际工作的运用中具有明确的方向性，这就是内部对外部、上级对下级。从内部对外部来看，就是高校对社会、家长和学生等外部，不能要求他们对学校实行"换位思考"。从上级对下级来看，管理者不能要求下级对上级实行"换位思考"，道理很简单，中国有句俗话：不在其位，不谋其政。下级没有在你这个职位上，他们没有你这个职位的具体体验，所以要求下级对上级实行"换位思考"是不客观的，也是无效的。但是从上级职位来看，任何一个管理职位都是从"普通员工→一般管理者→中层干部→高层干部→领导"的基本程序中选拔培养出来的，任何一个上级均有下级的工作体验，所以要求上级对下级的"换位思考"是客观的、有效的。上级对下级的"换位思考"有利于管理者采纳下属员工的意见和建议，实行民主管理。特别是当下属员工提出一些比较尖锐并且又符合实际情况的问题时，在"换位思考"的情况下，管理者能够听得反面的意见，并以积极主动的姿态去解决现实问题，有利于不断提高高校管理者的管理水平，提高发展决策方案的正确性，使其顺利实施，所以"换位思考"只宜对下，不宜对上。

高校对外部的"换位思考"，有利于接受社会公众对高校办学质量及服务承诺的监督，不断改善办学条件，提高人才培养质量，提高学校的教学、科研水平，满足社会对人才的需求。特别是在高等教育不断创新，人才培养质量要求不断提升的大趋势下，高校之

间的国内外商业银行的竞争进入了"以学生为中心"、"以社会需要前提"的"高校功能再造"的新时代。我们从国际著名高校等的发展历程来看，核心竞争力的关键是树立以学生为中心的教学管理经营理念，随时能够针对学生的实际需要，为之提供一揽子解决方案。它们把学生看成是有着"多重利益、多种追求、多种潜在能力、多种成才目标"的不同个体，高校与学生的关系不再是一种传统的、简单的"教"、"学"关系，而是一种"长期的、全程式的、合作化的、互动型的"伙伴关系。因此，高校对学生的"换位思考"，有利于教师和学生的及时沟通，了解学生对学校的意见和建议，把握它们对未来服务的需求状况，并根据学生的具体特点和服务需求，调整和改进教学管理体系、教学服务流程和人才培养环节。创立高校学科、专业品牌的优化效应（Top Quality Effect）、文化效应（Civilization Effect）和导向效应（Guide Effect）。笔者认为，高校内部上级对下级的"换位思考"是抓好内部管理的重要基础，而高校外部对社会、家长和学生的"换位思考"是扩大高校社会影响的关键所在。

4. 实施"换位思考"，只宜多数，不宜少数

笔者认为，在高校的教学管理中，"换位思考"应形成一种管理氛围，这种管理策略应该内化在每个管理者的内心深处而不是几个人的事。因为"换位思考"实质是"人本管理"的具体体现，强调满足人的心理需求，带有十足的人情味。"换位思考"战略的实施主要是通过潜移默化非制度因素发挥作用，其目的在于树立"人人为我，我为人人"的观念，创造良好而和谐的人际关系。因此，在新的历史条件下，应该把"换位思考"作为高校校园文化建设的重要组成部分，让更多人们了解它、掌握它、运用它，以促进高等教育的全面发展。

研究总结

笔者认为，"换位思考"以诚信为基准，以沟通为手段，是一种先进而有效的管理理念，是现代高校教学管理改革的新思路。我国加入WTO后，国内外高校的竞争格局发生了新的变化，这就是由过去"引进来"的保护性单向开放逐步转向"引进来"和"走出去"非保护性双向开放，由加入世贸组织前的"远距离竞争"逐步转向加入世贸组织后的"零距离竞争"。国际教育的竞争形势日趋激烈，核心竞争力的强弱，成为高等教育能否生存发展的生命线，虽然影响高校核心竞争力的因素日益增多，但是在教学管理中策略的运用是打造高校核心竞争力的一个重要"支点"。这就是笔者提出研究"换位思考"策略的初衷。

第三节 高校管理变革：由"授权管理"转向"赋权管理"

问题评析

随着科学技术的进步以及创新速度的加快，国际性竞争日益剧烈，无论是政府、企业或学校，均面临着"时间效率"问题的挑战。因此，管理模式的创新成为现代管理制度变革中的代名词。"授权"管理和"赋权"管理是现代管理制度变革中两种相对管理模式，然而，"授

权"管理和"赋权"管理,谁"优"谁"劣"人们对此
有不同的认识,也有人认为,"授权"管理和"赋权"管
理在具体的实践过程中无法区分,两者实质上是同义语。
笔者认为,"授权"管理和"赋权"管理有着本质的区别,
其管理效果也有明显的不同。

一、"授权"管理和"赋权"管理的基本内涵

"授权"管理和"赋权"管理是现代管理制度中常用的两种方
式,在现实生活中,区分"授权"和"赋权"并不是一件容易的
事,但是从严格意义上说"授权"和"赋权"是有着本质区别的,
早在20世纪70年代末至80年代时期,"授权"被管理学家认为是
成功管理和领导的重要方式。然而进入90年代以来,随着经济全
球化进程的加快,国际性竞争的加剧,无论是政府或是企业,均存
在一个"时间效率"问题。随着管理的层次和结构由原来的垂直结
构向扁平结构发展,对"授权"管理理念的挑战日益突出,"赋权"
概念逐步成为时髦的术语,"赋权"管理理念在管理体制改革中已
经成为一种思维定势。那么,究竟什么是"授权"管理?什么是
"赋权"管理?

所谓"授权"管理是指上级对下属授予特定工作的操作和处
理特定管理事件的权力。"授权"管理模式往往是对人不对事,也
就是对同一级别的下属来说,上级对看好的下属,可能会授予更多
的权力,上级对有看法的下属,可能会授予相对更少的权力。"授
权"管理往往始于管理者自身的工作,是上级基于对下属工作能力
的判断,将部分工作授权给下属完成,它具有很强的针对性,超越
授权范围,下属必须对上级报告,否则下属则不能。因此从这个
角度来说,"授权"管理模式重视制度性的程序设计,忽视管理的
最终结果。也就是说,下属只要根据上级的授权范围行事(不越

权），哪怕结果是最糟的，责任则由上级承担。

所谓"赋权"管理是指基于上级对下属管理岗位及工作范围的需要，对下属赋予了决策和行动的充分权力，上级始终认为，只要下属能在某个岗位从事管理工作，他就具备完成工作范围内的工作目标和对管理事件的处理能力，"赋权"管理模式往往是对事不对人，从这个角度来说，"赋权"管理模式重视管理的最终结果，也就是说，不管下属通过什么样的方式进行工作和管理，最终看你的实际效果。对下属来说，消除约束的心理障碍，使他们能够创造性地开展工作，完成工作目标。著名管理学家哈佛大学奎因·米勒指出："赋权是描述一种管理风格，其含义非常接近于授权，但是如果要进行严格的定义，赋权是指下属获得决策和行动的权力，它意味着被赋权的人有很大程度的自主权和独立性。通过对其他人的赋权，一位领导并不会因此而减少权力，反而会增加权力，特别是当整个组织发挥更大的效力时。"[①]

二、"授权"管理和"赋权"管理的比较分析

根据以上对"授权"管理和"赋权"管理的认识和分析，我们不难看出，"授权"管理和"赋权"管理在实际工作中，它们的界限虽然模糊，但是二者是有本质区别的，主要表现在以下几个方面。

1. 管理的基础不同

"授权"管理的基础是基于上级对下属能力的判断，出发点是对人不对事，即什么样的人，授予什么样的权力。在上级的眼中，不同的下属，能力是不同的，那么上级认为能力强的下属，就可能授予更多的权力，反之，下属所获得的权力就会减少。在现实生活中，有"受宠爱"和"受刁难"的说法就说明这个问题。"赋权"

---

① 张一驰：《WTO后领导者的九种新能力》，中国国际广播出版社2002年版，第95页。

管理的基础是基于下属管理岗位所需权力的判断，出发点是对事不对人，即什么样的岗位赋予什么样的权力。在上级的眼中，下属能在此岗位工作，就相信他有相应的能力。所以上级赋予下属权力的基础是下属的工作岗位性质。

2. 管理中下属获权的平等性不同

在"授权"管理中，同样的下属获得的权力是不平等的，因为获权的多少基于上级对下属的看法和好恶，"前途走红的下属"获得的权力会增加，"前途暗淡的下属"获得的权力会减少。因此，上级授予下属的权力往往与岗位工作需要关系不大。对下属工作好坏的评价往往取决于上级的态度，具有很大随意性。如果你创造地开展工作，上级可以说你不请示、不汇报，超越权限。如果你按部就班根据授权行事，上级可以说你工作没有开拓性、创造性。在现实生活中，这种现象非常普遍。在"赋权"管理中，同样的下属从工作角度来看，他们获得的权力是平等的，因为下属获得权力的多少基于上级对岗位工作需要的权力来决定。对下属工作好坏的评判来自于效果，下属的前途如何关键取决于他的工作业绩和贡献。

3. 管理中运行的稳定性不同

从"授权"管理来看，下属获得权力的多少基于上级对下属的看法和好恶，因此，由于授权环境的变化，对下属行使权力产生明显的影响。同样的上级在不同的时期，由于对管理的认识和看法不同，对下属授予的权力不同。上级的变更，对下属授予的权力不同。有两种情况：一是上级对下属授予的权力会扩大；二是上级对下属授予的权力会减少，甚至换人换岗。从理论上说，"授权"管理运行的稳定性较差。从"赋权"管理来看，下属获得权力的多少基于上级对岗位工作需要的权力来决定的。因此下属的权力相对来说，不会因上级的认识和看法的变化而发生大起大落的变化，上级变更而导致下属换人换岗事件相应减少，是否换人换岗主要取决于下属的工作业绩。从理论上说，"赋权"管理运行的稳定性较强。

4.管理的实际效果不同

"授权"管理往往始于管理者自身的工作，是将部分工作授权给下属去完成，它具有很强的针对性，超越授权范围，下属则不能。因此在实际工作中，下属往往有很大的心理压力，他们随时要考虑自己行使的权力是否与上级所授予的权力相吻合，防止追究责任。所以工作往往比较机械，就是工作能力再强的下属，也只能按照上级授予的权力范围行事，超越授权范围的特殊管理事件，必须向上级请示，不能越雷池半步，所以工作只能获得"1+1=2"的效果，不利于开发下属创造性地工作能力。然而，"赋权"管理是基于上级对下属完成岗位工作所需权力的有效判断，赋予了充分的权力，下属获得决策和行动的权力，对下级来说，消除约束的心理障碍，他们所考虑的是通过什么样的方式抓好管辖范围的工作，获得更好的工作业绩，使他们能够创造性地开展工作，获得"1+1 > 2"的工作效果。在经济领域有一个生动的例子说明了这个问题，上海某一中资保险公司和外资保险公司同时看重某一大客户，双方均有一个中层的部门经理带队洽谈保险业事宜，这时这家大客户的老总对承办保险业务提出了一系列条件，中方的经理说，你的要求超出了我的授权范围，必须请示老总再定，而外方的经理却说，你的条件我们可以满足，最终这笔业务被外资保险公司夺走。这就是"授权"管理和"赋权"管理的本质区别。

三、高校发展趋势：由"授权"管理转向"赋权"管理

通过以上分析，笔者认为，我国加入 WTO 后，管理环境发生了显著的变化，国际竞争形势日趋剧烈，"时间效率"问题提到高校各项管理工作的议事日程。我们必须注重培养不同管理阶层管理者开拓、创新，敢于突破的工作能力，因此我们必须从"授权"管理模式转向"赋权"管理模式，这是时代变革的要求，是不以人的意志为转移的必然选择。否则我们将在变化异常的国际竞争中产生管理决策的"滞后"效应，最终丧失良好的发展机遇。

1. 高校造就管理人才、科研人才和教学人才需要"赋权"管理

现代管理学家认为，"赋权"管理能使管理人员很好地运用传统的知识进行赋权，上级往往不必为找不到能胜任的下属而发愁，有远见的管理者甚至有意挑选那些不能胜任工作的人赋予其权力，不仅为下属制定工作目标，而且明确其学习、工作的目标和努力方向，使他们有信心去完成工作。通过"工作＋学习＋研究"模式，造就不同层次的管理人才、科研人才和教学人才。美国在线时代华纳联合 CEO 杰瑞·莱文指出："面对高速增长，变化急剧的市场，唯一的成功之道就是招揽人才，为他们指出大方向，然后就放手让他们去发挥，我想所有的事最终还要落实到人上。这也许是我学到最宝贵的经验。也许是老生常谈，但的确非常重要。"[①]

2. 创造良好的管理氛围需要"赋权"管理

"赋权"管理要求管理者有相当程度的自信和对下属的充分信任。对下属来说，能有效消除他们的心理障碍，在没有干预的情况下获得最佳的工作效果。对上级来说，善于赋权的管理者是在消除担忧别人的基础上作出的决策。他们对自己的职位信心十足，他们既不会因放权后坐立不安，乃至寻找其他弥补措施，更不会担心因下属获得权力后干得漂亮而取代自己的职务。在放权上排除了个人好恶等人为因素，有利于创造良好的管理氛围。

3. 节约时间成本需要"赋权"管理

当今社会"时间价值"越来越重要，在很多情况下，对一些

---

① 张一驰：《WTO 后领导者的九种新能力》，中国国际广播出版社 2002 年版，第 96 页。

管理事件的处理没有更多时间让你去考虑和思索，否则你可能就会丧失机会。从"授权"管理来看，一些特殊和突发的管理事件，往往超越上级对下属的授权范围，下属必须遵循逐级汇报（请示）→上级研究决定→批复（答复）→下属执行这样一个程序，这样来回往往耗用了大量的时间成本，等到把问题搞清楚，机会已经不在了。然而"赋权"管理能有效地节约时间成本，因为"赋权"管理中对下属赋予的权力是和下属的责任、权力、利益、效果以及工作的贡献相联系的。下属只有本着对上级负责的态度合理用权，才能获得发展的机会。

4. 培育高等教育精英需要"赋权"管理

如果我们仔细考察一下世界著名高校的发展历史，就不难发现，它们在管理上不仅是一部"将才"和"帅才"有机结合的创业史，而且也是"赋权"管理的成功典范。在高校的发展进程中，"将才"和"帅才"有明确的分工，并有一套"责、权、利"相统一的制约机制。"将才"是高校安全运转的行家里手，是巧夺天工的战术家，当学校的目标确定后，他们往往能够把看来不可能做到的事变为现实，他们知道如何贯彻最高层的发展意图，如何管理学校、如何发展学校，如何去获得最大的资本增值，最高的社会信任度和依赖感，从这个角度看，他们是抓住机遇的"使者"。而"帅才"则是深谋远虑的战略家，他们对未来的人才需求形势有敏锐的预测和判断能力，能够根据未来的发展形势提出学校创新性的发展目标，因此，他们是创造机遇的"精英"。

研究总结

在新的国际竞争格局下，我国高校的发展和进步面临严峻的挑战。过去我们强调要抓住机遇，现在看来，随着科学技术的迅速发展，全球信息化进程的加快，笔者认为，抓住机遇是发展的基础，创造机遇是获得竞争优势的关键。就我国高校管理来说，学校领导是学校发展的"领头羊"，学术大师是学校竞技的"火车头"。在现代教育家的培育过程中，我们既需要重视培育抓住发展机遇的"将才"，更需要利用特殊手段培育创造竞争优势的"帅才"，二者缺一不可。但是我们需要明确的是："帅才"不仅是从"将才"岗位上的长期磨炼中"提炼"出来的；而且是通过不同的途径挖掘出来的。原因在于在任何一个组织中，不是所有"将才"都能培育为"帅才"。

第四节　高校决策失误的表现诱因及控制

问题评析

高校是我国培养高层次人才的重要阵地，高校决策职能的行使，不仅关系到国家、社会、家庭和受教育者的多重利益，而且关系到人民群众对高等教育的满意程度。因此，研究和分析我国高校决策失误的表现、成因、制约因素，探讨防范和控制高校决策失误的监督和控制机制，不断提高决策者的综合素质，完善高校决策程序，提高对决策程序的监督效果，具有重要跨时代的现实意义。

一、高校决策失误的种种表现

近年来，高校决策失误表现突出，各种违规、违法事件屡禁不止，更多地集中在与费用、成本有关的问题之上，成为高等教育改革发展进程中的不和谐"音符"。主要表现在以下几个方面：

1. 巧立名目，违规收费

高等教育乱收费，主要表现为四种类型：一是"生存型"乱收费。这主要发生在西部发展基础较为薄弱的高校，一些学校为了弥补生存运转经费不足，未经批准，违规收费。二是"发展型"乱收费。有的高校发展到一定程度以后，受到经费等方面的制约，采取了不正当的方法，收取了学生的费用，在没有正当批准权限的情况下收取了费用。三是"趋利型"乱收费。即在教育的公益性和市场的公立性发生冲突的时候，有的校长或者有的领导教育思想不够端正，特别是在市场经济不规范，在法制不健全的条件下，有的地方也以结构工资为名，有些地方行政领导默许了一些学校的不规范收费行为用于解决所谓"结构性工资"的补贴问题。四是"转价型"乱收费。这体现在政府部门通过高校的乱收费行为。一些政府部门向高校乱摊派，学校在没有来源的情况下，把有关费用转嫁给学生。譬如：2003年国家审计部门对大学的基建工程款、校内院系所办学收费、校办企业资金运作等进行审计调查显示，北京大学、清华大学、中国人民大学等18所部属重点院校，违规收费共计8.68亿元。其中：收取未经批准的进修费、MBA学费等64427万元；收取国家明令禁止的费用6010万元；自行设立的辅修费、旁听费等7352万元；超标准、超范围收取学费、住宿费等5219万元；强制收取服务性、代办性费用3284万元；收取重修费、专升本费用554万元。[1]

---

① 者贵昌：《我国高校决策失误的表现诱因及控制》，《高校探索》2010年第4期，第36页。

2. 高校之间盲目攀比，大规模建设，高额举债，债务负担沉重

近年来不少高校为了扩招，圈占土地，大兴土木，大规模新建校区。世界著名的哈佛大学、普林斯顿大学占地面积分别为2300亩、1800亩，国内不少高校占地超过了5000亩，而在办学质量上，与国际先进水平有相当大的差距。[1]2003年年末，18所部属高校债务总额高达72.75亿元，比2002年年末增加45%，其中，基本建设形成的债务占82%。[2]据调查，山东省教育厅直属23所高校贷款余额75.4亿元，每年仅利息就高达4.3亿元，随着还贷高峰期的到来，部分高校运转已出现困难。[3]《2006年：中国社会形势分析与预测》社会蓝皮书里的数据显示："我国部分公办高校向银行大量举债，并热衷于圈地和参与大学城建设，目前高校向银行贷款总量约在1500亿至2000亿元之间"[4]，此外，另一项独立完成的调研报告表明，中国公办高校贷款规模高达2000亿至2500亿元，这已引起了中国高层极大关注。[5]而眼下这几年正是高校银根紧缩还贷压力最大的关键期，在民生决策取向和高校市场化纠偏的社会宏大叙事下，"生产能力"有限的高校如何去还账呢？从某种意义上说，高校财政史无前例地充满着寻租的风险。按照严格的财务核算制度，现有的许多表面光鲜的大学已经濒临破产的边缘，甚至已经破产。虽然，它们依然苟活，或者依旧苦壮，但是它们所背负的包袱却不会自动地消失。这些沉重的经济负担要么转嫁给了政府，要么转移到学生的头上。而无论哪一种，最终为

① 张晓晶：《高校患上"消化不良症"高等教育应有质有量》，《人民日报》2006年5月15日。

② 者贵昌：《我国高校决策失误的表现诱因及控制》，《高校探索》2010年第4期，第36页。

③ 本报记者：《不少地方高校目前都已是负债累累》，《中国财经报》2007年11月15日。

④ 本报记者：《个人作案手段隐蔽，高校资金有待多方面加强监控》，《法制日报》2007年3月4日。

⑤ 李劭强：《从第三方监督看"高校财务危机"》，《光明日报》2006年12月23日。

之买单的总是普通百姓。因为，政府的支出和学术的消费都来自普通的家庭和纳税人。因此，所谓的高校财务危机实质上是百姓的危机。

3.高校财务管理混乱，资金体外循环现象严重

国家审计部门发现，部分高校财务管理基础薄弱，收支反映不实，14所高校未将科研收入、收费、投资收益等6.16亿元纳入收入管理，滞留在所属单位，存在明显的坐收坐支现象。①

4.个别领导独断专行，个人说了算，导致监督机制失灵

近年来高校违规使用资金、贪污腐败现象时有发生。2006年天津大学、南开大学、兰州大学，这三所国家重点知名院校留给人们的印象不再仅仅是教书育人的圣地和科学研究的殿堂，而是接连引出的校内负责人违规使用资金、非法受贿案件从而为学校抹上了不光彩的一笔。天津大学原校长单平在任职期间存在严重失职，违规使用资金，把巨额资金投向股市，给国家造成上千万元的重大损失。据《上海证券报》记者调查，2000年9月至2001年8月，单平个人擅自与深圳某公司签订《委托资金管理协议》，将学校1亿元资金分三批交给该公司，用于在股票二级市场进行运作。该公司收到学校资金并购买股票后，将所购的股票用于质押融资。到2007年2月底，天津大学到账资金仅234.67万元，该校1亿资本金至少损失3758.83万元。南开大学下属南开允公集团有限公司原总裁杨育麟，在任职期间多次擅自决定将公司的巨额资金用于与该公司正常经营活动无关的单位和个人使用，涉嫌贪污、挪用1.1亿元，并在接受调查期间外逃，致使大量资金流失而无法收回。兰州大学第二医院原院长孙正义，利用职务之便收受建筑商巨额贿赂，

---

① 者贵昌：《我国高校决策失误的表现诱因及控制》，《高校探索》2010年第4期，第37页。

涉案金额高达 500 万元。[①] 武汉理工大学原副校长李海婴在 2000 年至 2006 年间，利用分管学校招生、基建等工作之便，贪污、受贿、挪用公款总额达 1400 多万元，案发后省纪委追回其赃款 1068 万余元、3 万美元，省检察院追回其赃款 430 万元，最后法院认定，李海婴以收入不入账的手段侵占公款 811.5 万元；受贿 214.5 万元人民币、4 万港币、2 万美元；挪用公款 440 万元用于个人营利活动。[②]

二、高校决策失误的诱因分析

1. 高校决策信息的不完全性

决策信息是否完整是影响决策者决策是否正确的关键因素。所谓决策信息，是指为决策者确定目标、制定决策方案、作出最优化选择时所拥有的一切资料、数据、消息和情报等。学校在决策过程中，决策者所获得的信息往往是不全面的或者说是不对称的。主要制约因素是：首先，高校决策信息的收集不充分。应该收集的信息没有收集起来，或者说无法收集到与决策相关的、重要的关键信息。其次，决策信息选择困难。高校每天要面临大量的、各方面、各层次的信息。特别是随着科学技术的发展和运用，网络技术日益普及，电子信息量日益扩大，信息真假难以甄别。对于大量信息的可信度和有用性，决策者很难作出判断和把握，取舍难度加大。最后，决策信息运用不充分。面对复杂多变的各类信息，如何将它们有效地进行分类和利用，并服务于决策，制定正确的决策方案，是困扰高校决策的一个关键性环节。

2. 决策者自身素质和能力的限制

高校决策者的素质和能力如何，直接关系到决策的成败，其

---

① 本报记者：《个人作案手段隐蔽，高校资金有待多方面加强监控》，《法制日报》2007 年 3 月 4 日。

② 杨丁：《武汉理工大学原副校长贪污受贿被判无期》，《教育文摘》2008 年 8 月 23 日。

中：决策者主观能动性如何是决定决策效能的关键所在。列宁同志曾经说过：担负决策等重要社会角色的领导者应具有政治上的成熟和积极性；最为密切的联系人民群众，知道并理解群众的利益，赢得他们的绝对信任；能把人民团结在自己的周围；在技术上和生产上是内行；受过科学教育，具有行政工作的能力；办事认真负责；具有坚强果断的性格①。从我国高校决策者的能力来看，与科学决策的要求还有相当的距离。主要表现在：一是知识有限。从决策信息的收集，到提出所有可供选择的决策方案，再到了解每个备选方实施的后果，都需要决策者拥有完整科学的知识结构。从这个角度来说，我国高校决策者的知识水平和实际技能存在很多不完善的地方。二是预见能力有限。随着社会的发展和进步，社会环境复杂多变，高校面临的复杂因素日益增加，决策者必须有能力准确地预计各种决策方案实施的实际效果，保证决策的顺利实施。从这方面来看，高校决策者不仅掌握的知识有限，而且利用知识的能力也有限，这就决定了他们对决策执行的社会环境的预测不可能完全正确，进而影响决策方的实施效果。三是设计能力有限。在一定时间内，决策者能考虑到的相关制约因素是有限的，因此，决策者能够考虑并设计出的决策备选方案也是有限的，在这种情况下，决策的合理性和科学性会受到干扰。

3.高校相关部门及其工作人员的自利性

长期以来，经济学关注和研究的结果表明：部门在一定程度上是一个"经济人"，也存在追逐自身利益最大化的动机。高校相关部门及其工作人员的自利性会使校方缺乏足够的动机和利益刺激机制将整个学校的利益作为出发点，把实现学校利益最大化作为自己的工作目标，部门及其工作人员会利用公共信息不对称的基本特

---

① 中央编译局：《列宁选集》第二卷，中华书局1975年版，第325页。

点，制定出有利于本部门利益最大化的管理制度，进行"寻租"，实现垄断利益最大化，在制定政策目标时，往往不适当地过度考虑某些集团利益，使一些政策措施被人为赋予了"商品"属性，破坏了高校决策的严肃性和公正性。

4.缺乏对决策过程的监督

我们认为，绝对的权力导致绝对的腐败。许多高校决策失误在很大程度上是由于缺乏有效的监督机制所造成的。主要原因：一是决策权和监督权不分，"运动员"和"裁判员"兼任。高校在拥有决策权的同时，也变相地拥有监督权，纪委和内审部门从机构、人员和经费使用均隶属于本监督对象，他们很难真正行使监督权。二是缺乏广泛的师生员工监督氛围。许多高校没有建立决策公开制度，决策信息不公开，暗箱操作现象严重。这样全校师生就没有知情权和参与权，谈不上对学校决策的监督。

5.决策失误的追究机制不健全

目前，我国高校决策中缺乏健全的决策失误追究机制，导致对高校决策失误的追究力度不够。主要原因：一是高校决策失误的责任人难以明确。有些决策从形式上看，是通过民主程序进行的，实际上则是主要领导个人的决策，因此，即使决策失误也很难确定是领导个人责任或是领导集体责任。二是某些高校党政不分，以党代政、以政代党的现象普遍存在。在高校内部有这样的说法：一所大学是书记说了算或是校长说了算？答案是"谁霸道，谁说了算"。所以，越俎代庖的决策，出现决策失误时，往往处于责任人难以明确的尴尬局面。三是决策失误追究责任的成本很高，一所高校往往具备人多、地广、规模庞大的本质特征，非一般部门或单位，决策失误往往会带来巨额的经济损失，责任追究要花费大量的人力、财力和物力，即使查清决策失误的责任者，但其造成的巨大经济损失和社会影响已无法挽回。近来出现的高校违规招生、违规收费、违规使用经费、挪用经费进行投资等造成的损失和影响，要决策者个人"买单"是不现实的。四是缺乏明确、科学、可操作性强的责任追究制度。造成高校决策失误不断增加的原因是缺乏健全的决策失误责任追究机制。我国目前还没有具体的制度来规范和明确高校决策失误的相关责任人的责任，还不能做到责任追究有法可依，机械套用政府官员的决策失误追究制度和办法是不现实的。

三、控制高校决策失误的基本思路

1. 努力提高高校决策者的能力和素质

就一所高校来说，决策者的能力和素质直接关系到高校决策质量的高低。因此决策者的能力和素质至关重要。一是要加强学习，努力提高决策者的政治素质和科学文化水平。加强政治理论学习，有利于树立执政为民的思想，增强责任意识，真正做到解放思想、实事求是、与时俱进。加强科学文化知识的学习，有利于树立科学的教育发展观，提高自身的执政能力。二是要提高决策者的宏观洞察能力。以宽广的胸怀和长远的眼光统揽全局，要以全面的观点、科学联系的方法认识、分析和处理问题，做到审时度势，与时俱进；要以宏观的战略思维分析全局，做到顺势而动，因势利导；要以调查的数据资料和其他途径收集的意见、建议为基础，用前瞻性思维谋发展，运用分析、综合、比较、推理等方法，善于抓住具有全局性、长远性、根本性的重大问题，切实把决策想在前，工作做在先，身先士卒，做到立足现实，放眼未来，确保各项工作向既定的目标方向发展。

2. 建立高校决策失误的衡量标准

从目前来看，我国高校还缺乏决策失误评估的衡量标准。在决策失误、工作失职、工作失误之间缺少明确可行的评判依据。因此，建立我国高校决策失误评估标准是我国继续推进高等教育体制改革的重点性工程。我们认为，在制定决策失误评估标准时，应重点关注以下内涵。

第一，以办好人民满意的高等教育为根本宗旨，重视国家、人民、家庭、个人多方的利益关系。高校决策是否能有效处理好国家利益、集体利益、家庭利益和受教育者本人的利益关系，一方面它不能为国家利益牺牲广大人民群众的根本利益；另一方面不能为集体利益、家庭利益和受教育者本人的利益而损害国家利益。

第二，制定决策失误评估标准要重视决策成本的衡量标准。高校决策既不能简单地只注重效益而忽视成本，也不能只注重经济效益而忽视社会效益。不仅要追求经济效益，也要注重社会效益；既要追求效益，也要注重效率（成本），只有做到经济效益和社会效益兼顾，效益与成本并重，才能有效控制高校的决策成本。

第三，建立独立于国家政府和学校之外的社会性决策失误评估机构。专门性的评估机构必须保持其独立性，因此高校决策失误评估机构不应有政府教育行政主管部门组织建立，应由社会群体或非政府组织聘请相应权威专家所组成，并将其置于国家立法部门的监督之下，确保评估过程和评估结论不受政府干预和左右。

3. 建立高校规范、长效的听证、论证制度

为保证高校决策方案的合理性和科学性，高校决策前应广泛听取各方的意见和建议。关系到全校师生员工的切身利益等重大决策，必须在校内举行听证会，就决策的必要性、可行性和决策内容，听取广大利益系人的意见和建议，作为决策方案实施的重要参考依据。关系到国家、社会公众利益的重大决策听证，必须向社会公布，必要时可通过广播、电视、报纸、杂志、网络等大众传播媒体公知于众，确保社会公众的知情权和参与权。

4.建立多元化的决策参与模式

为了减少和避免由于决策失误而导致损失，必须调动学校各方面参与管理的积极性，发挥他们在民主决策、民主管理、民主监督中的重要作用。

第一，创造条件，提升全校师生的参与意识。美国著名管理学家约翰·克莱顿·托马斯认为，从社会发展的角度看："社会的变迁，治理模式的改革及其带来的其他规范性价值的转变，意味着公共管理者以及政府组织内外的领导都必须面对一个不断强化的、必须履行的责任，那就是在所有类型的公共决策中，必须让公民参与进来。"从我国高校的实际情况看，近年来，师生员工的维权意识不断增强，民主参与能力不断提升。主要表现在师生员工参与面扩大、参与形式不断增加，通过广泛的信息渠道，大大改善了师生员工的知情环境。有很多高校为师生员工参与建立了制度化条件，譬如：建立了校领导接待日制度，通过广播、电视、报刊杂志创建了论坛交流平台，通过网络建立了对话机制，专设信息咨询、情况反映和问题质询信箱（Email）。

第二，构建专家参与的决策机制。从高校的自身优势看，有丰富的专家资源。专家具有其他决策参与主体所不具备的专业知识。譬如：特别是在高校的发展规划、发展目标、学科建设、专业方向调整、教学计划的修订和完善、硕博点建设和布局等方面，能对国际国内的发展趋势和社会对人才的需求形势作出更好的判断，能够较好地协助学校领导处理决策中的专业性问题，有利于提高决策的质量。专家参与的途径：一是专家提案筛选。针对具体问题，可规定一定数量的专家联名向决策机关提出决策提案。二是专家起草参与。对于专业性较强的决策方案，决策机关可以委派专家单独或联名起草决策草案，也可以聘请专家参与起草决策草案。三是专家决策参与。在学校决策方案的具体决策中，充分重视专家的意见。决策机关在作出决策时，必须有专业性突出的权威专家论证并签署相关意见后才能公布实施。

第三，构建民主党派和政协的参与决策机制。从高校的实际情况看，民主党派、各级政协委员的专家多是高校的一大特色。中国共产党领导的多党合作和政治协商是我国的基本政治制度。民主党派和政协参政的内容之一是参与政策制定，它不仅是党和政府决策科学化的要求，也是我国政治文明建设的重要内容，现实生活中民主党派和政协参与决策是对政府决策腐败的一种制约，发挥民主党派和政协参与决策的职能作用，为党和政府的科学民主决策提供参谋助手作用。

5. 建立高校决策失误的责任追究制度

按照"谁决策、谁负责、谁失误、谁买单"的基本原则，建立高校决策失误的责任追究制度，是新的历史条件下加强对高校决策失误控制的一项重要措施。

第一，完善决策失误责任认定机制。要建立健全纠错改正机制，加强对决策权力的制约和控制，明确决策系统与其他系统的权力和责任，决策职能、执行职能和监督职能应相对分离，建立决策失误的论证责任制、评估责任制和领导责任制。

第二，完善决策失误责任追究的法律机制。完善责任追究的法律机制，建立健全高校决策失误的责任追究机制，必须在相关的法律中对决策失误的领导应承担何种程度的政治责任、经济责任、行政责任和法律责任以及处理程序作出明确的规定，使责任追究做到有法可依，执法必严。

第三，建立健全对决策失误者责任追究机制。建立健全高校决策失误的责任追究机制，必须健全处罚体系，形成党纪、政纪、法纪处罚的不同等级，根据决策失误导致的损失的大小和社会影响程度追究相应的责任。主要方式：一是道德谴责。主要针对因客观原因或主观过错造成失误但是程度轻微的决策者实施的一种软化约束。如：通报批评、问责检讨。二是追究经济责任。对因决策失误造成的经济损失，可根据决策者的过错程度承担其相应的经济赔偿责任。三是追究行政和政治责任。可参照我国国家机关工作人员公务员制度的有关规定，追究决策失误者的行政和政治责任。四是追究刑事责任。对于因决策失误造成严重经济损失或造成恶劣社会影响的，必须从刑法的角度加以制裁。

6. 强化对决策过程监督机制的作用

高校决策失误的控制需要在决策权与监督权分离的前提下进行。对决策过程的监督不仅是决策目标得以实现的有力保证，而且也是决策公开、公平、公正的重要保障。因此，构建全方位、多层次的监督体系是强化对决策过程监督的基本前提。

第一，实现决策权与监督权相分离。如果决策权与监督权混为一体，就根本谈不上监督，监督效果无从保证。为了提高对高校决策过程的监督效果，必须把监督机构从高校的职能部门中独立出来，实现决策权与监督权彻底脱钩，建立一种监督作用的分权和权力制衡机制。

第二，加强高校工会、职代会及群众社团对决策过程的监督作用。建立高校决策的公开制度，必须使决策信息公开化，强化多方面的沟通和协调，让群众方便、快捷地了解到高校决策体系内部运作的真实情况，确保群众对决策过程的知情权、参与权和监督。

第三，强化舆论对决策过程的监督能力。舆论监督在决策过程中发挥着巨大的作用。以广播、电视、报纸、杂志、网络等大众媒体作为监督载体，有着信息量大、传播迅速、传播渠道多层次、普及性强等独特优势。已成为舆论监督的一支独特力量，不仅是国家政府宣传政策方针的重要工具，而且也是治理权力腐败的重要利器。

第四，加快立法进程，强化法律监督的实际效果。加强高校决策程序方面的立法，以法律方式规范高校的决策程序，对决策进行事前、事中、事后全过程的监督和控制，是新的历史条件下，高校决策民主化、公开化、科学化、法治化的重要保证。

研究总结

笔者认为，随着社会制度的变迁，高校并非是社会发展进程中的一块净土。随着我国经济领域市场化进程的加快和国内外高等教育竞争的加剧，中国的高等教育面临着内外多种复杂因素。其中：高校投资决策失误、各种违规、违法事件屡禁不止，成为我国社会关注的焦点。因此，加强法制建设、规范高校决策程序、加大对高校决策者监督力度、净化高等教育环境成为我国高等教育可持续发展的重要课题。

第五节　我国高校收费结构评价模型的设计与应用

问题评析

高校收费结构是对高等教育领域不同级别高校收费标准所进行的一种制度性安排，其收费结构与收费等级与收费的中值、收费变动范围、收费变动比例、收费区

间、收费区间的叠幅与交叉等因素密切相关，在此笔者
以量化方法揭示其相互关系，并就高收费问题提出自己
的认识和看法。

随着我国高等教育体制改革的不断深入，高等教育的非义务
性日益显现。特别是自 1999 年高校扩招以来，学费日趋上涨，社
会民众反映强烈，高等教育的成本如何核算？现行的高等教育收
费是否合理？成为舆论关注的焦点。笔者尝试以量化分析方式对
我国高校的收费结构及相关问题作些分析和探讨。

一、高校收费结构相关问题的认识和分析

1. 制度性安排

高校收费结构是对高等教育领域不同类型学校之间收费率所
作的制度性安排，它是依据国家高等教育发展战略、国家财政支持
能力、不同学校人才培养标准以及人才培养成本的不同而确定的不
同收费水平，并提供个体高校对社会贡献的基本评价方法。

2. 公平性要求

"高等教育公平实质上反映了人们对既已存在的教育利益
（教育资源、教育机会）分配是否公平的价值判断，所以，高等教
育公平就是实现高等教育资源分配的公平。"① 公平性是高校收费设
计的基本要求。收费的公平性主要体现在社会性的外部公平性、
行业的内部公平性和高校个体公平性。高校收费的外部公平性也
可称为收费的外部竞争性，它表现为高校收费水平相对于社会其
他收费行业来说，是否科学、公平、合理？它是高校与其他组织

---

① 吴梅兴：《当前我国高等教育公平存在的主要问题及对策》，《高教探索》2007 年第 1 期，
第 38 页。

从事类似的人才培养工作，所获得经费的比较。收费的内部公平性又称为内部的一致性，是高等教育领域不同级别高校之间的相对价值比较。收费的个体公平性是指高校个体与同一级别高校收费是否公平的基本评判。收费的外部公平和内部公平是个体公平的基础，而收费结构决策是外部竞争性与内部公平性平衡的结果。

3. 评价的可行性

合理科学的高校收费结构设计必须对高校群体的具体情况进行量化分析，把握收费结构之间的相关要素及相互关系，才能将理论上的收费结构概念转化为可操作的量化程序。

二、高校收费结构模型设计及相关因素的比较与判断

收费结构反映了高等教育组织之间相对的工作价值，主要包括：一是根据人才培养工作分析和高校等级而确定的收费等级数量；二是同一收费等级内部之间的收费变动范围，即收费的上限和下限；三是相连收费等级之间的重叠（交叉）区域。需要特别指出的是：同一收费等级的高校在经济发达程度不同的区域，由于人均 GDP 差别很大，收费应有差别。譬如：2009 年人均 GDP 最高的上海达到 72536 元，而最低的贵州省仅为 8834 元，两者相差近 10 倍。① 所以笔者认为，西部地区高校收费应在同一收费等级基础上下调一定幅度或按照下限收费，并加大中央财政的补贴力度，充分体现教育公平性。

1. 高校收费的等级数量问题

有关高校分类的方法很多，目前尚未取得共识。国际上高校

---

① 本刊编辑部：《全国各省市 2009 年人均 GDP 数据》，《江西论坛》2010 年第 1 期，第 8 页。

分类方法的研究始于 20 世纪 60 年代，到目前为止，以美国卡耐基教学促进基金会的"四分法"为代表，把高校分为：研究型、研究教学型、教学研究型和教学型大学四类。[1] 这种分类法引起国内教育专家的质疑，有的专家把高校分为：巨无霸型高校、研究型大学、精英学院、专业学院、博雅学院、继续教育学院；有的专家主张按照行政层级把高校分为：中央部委高校、其他部委高校、地方部门高校、民办高校；有的专家主张按照学术层级把高校分为：研究型大学、省部级重点大学、一般本科院校、教学科研型大学、教学型本科院校、高等专科学校和高等职业学校等等。[2] 本书涉及的收费等级是根据不同高校人才培养的复杂程度和所承担责任的大小不同，将收费标准进行等级划分，明确不同的工作要求。道理很简单，如果北京大学、清华大学等国内一流高校和国内普通高校收费标准一致，显然是不合理的，相反如果差距过大，既不合理，也不符合中国国情。所以高校收费等级是在人才培养工作分析和不同高校地位不同的基础上建立起来的，并将相近的高校划为同一收费等级，并采取一致性的办法处理高校的收费问题。在收费等级的确定中，等级越多，公平合理性越明显，收费管理制度和规范性要求越明确，但是容易导致机械化。等级越少，相应的灵活性增强，但是公平合理性被淡化，容易使乱收费现象失去控制。

笔者认为，就高校的人才培养来说，同一级别高校的相同专业和相近专业的人才培养成本是基本相等的。但是就目前我国高校的收费结构来看，存在很多不合理现象，目前高校获得的办学经费大致有两种情况：一是国立高校向学生收取部分学费（3000—6000

---

① 马陆亭：《高等学校的分层与管理》，广东教育出版社 2004 年版，第 87 页。

② 宋伟：《大学组织设计层级模型分析》，《现代大学教育》2006 年第 5 期，第 34 页。

元)①，国家或地方财政实行差额拨款（由于各地财力不同，拨补差额差别很大）；二是民办高校向学生收取全额学费（7500—12000元）②。问题是民办高校获得生均经费总额远高于国立高校，这形成了"国立高校高分录取→低经费培养→执教者低回报"与"民办高校低分录取→高额收费→执教者高回报"的循环博弈。所以在现实生活中出现了国立高校教师在本校领工资，到民办高校领取高额课酬的不良现象，实质形成了教师资源利用的非公平格局，以下是我国高校构成的基本状况（见表1—1）。

表1—1　2009年我国高校的基本构成

全国高校总数	高职、高专院校		本科院、校					
	按性质：1184（所）		按水平层次：1079（所）			按性质：1079（所）		
2263（所）	国立	民办	普通本科	211工程	985工程	国立本科	民办本科	独立学院
	881（所）	303（所）	953（所）	59（所）	67（所）	732（所）	25（所）	322（所）

说明：①"985工程"大学是在126所"211工程"大学基础上选拔产生的，所以理论上的"211工程"大学为59所；
　　　②独立学院是由普通本科院、校按照新机制、新模式举办的本科层次的二级学院，是普通高校的优势办学资源与优质社会资本相结合的民办高等教育机构，是本科院校办学方式的一种延伸。所以在本科院、校统计数中应含此数。

资料来源：全国高校数据来自于教育部发布的《2008年全国教育事业发展统计公报》，2009年7月17日；"211"和"985"工程学校数据来自于教育部发布的《2010年最新211和985工程学校名单》。

---

① 刘牧：《对我国实行高等教育成本个人分担政策过程中问题的理性思考》，《高教探索》2006年6期，第17页。

② 民办高校收费标准目前国家没有具体规定，收费实行各省区审批备案分级管理，各地标准不一，文中数据系作者根据全国各省民办高校收费情况提出的估计数——作者注。

2. 高校收费变动范围与收费变动比例问题

收费变动范围又可称为收费区间，指收费标准中同一收费等级上限和下限（最高收费标准和最低收费标准）之间的跨度。设收费区间（Region）为 R；该区间最高收费标准为 Max；最低收费标准为 Min，则有以下关系：

$$R = Max - Min \quad\cdots\cdots\cdots\cdots\cdots\cdots\cdots\cdots（1—1）$$

收费变动范围与收费的等级数量之间有密切的关系，通常等级越多，各等级之间的幅度越小，等级越少，各等级之间的幅度越大。收费变动比例是指同一收费等级内部最高收费标准和最低收费标准之差与最低收费标准的比例。通常情况下，收费变动比例的大小取决于特定位置高校所需人才培养技能、能力、社会认可度等多种因素。设某一收费等级的中值（Middle）为 M、收费变动比例为 S、最高收费标准为 Max、最低收费标准为 Min，则有以下关系：

$$M = \frac{(Max + Min)}{2} \quad\cdots\cdots\cdots\cdots\cdots\cdots（1—2）$$

$$S = \frac{(Max - Min)}{Min} \quad\cdots\cdots\cdots\cdots\cdots\cdots（1—3）$$

收费等级的中值 M 和收费变动比例 S 根据高校的等级评价和收费的社会调查结果可以确定，根据（1—2）和（1—3），可以得到某收费等级的最高收费和最低收费。

$$Min = \frac{2M}{2 + S} \quad\cdots\cdots\cdots\cdots\cdots\cdots\cdots\cdots（1—4）$$

$$Max = \frac{2M + 2MS}{2 + S} \quad\cdots\cdots\cdots\cdots\cdots\cdots（1—5）$$

把（1—4）和（1—5）代入（1—1）得：

$$R = \frac{2MS}{2+S} \quad \cdots\cdots\cdots\cdots\cdots\cdots\cdots（1—6）$$

从以上设计可以看出，收费变动范围是由收费区间中值与收费变动比例所决定的，与收费区间的中值成正比关系，如果我们对 $R = \frac{2MS}{2+S}$ 的分子分母同时除以 S，可以得到以下结果：

$$R = \frac{2M}{1+\frac{2}{S}} \quad \cdots\cdots\cdots\cdots\cdots\cdots（1—7）$$

通过以上推导，我们发现，收费变动范围随着收费变动比例的递减而递减，在高校系列中，由于排位较低的高校对所需人才培养的技术与能力、承担的社会责任、对社会的贡献相对较小，并且在高等教育领域，它们可以通过自身的努力、政府的支持寻求更大的发展空间，可以通过学校的级别晋升来提高收费标准。所以笔者认为，国家教育行政主管部门应通过科学的机制设计，为不同等级的高校创造公平竞争的发展机会。

在以上设计中，收费等级较低时，收费的变动比例也较小，随着收费等级的上升，收费的变动比例也会逐步增大，在收费区间中值 M 和收费变动比例 S 两种因素的共同作用下，收费变动的范围比收费区间中值有更快的增长速度。

3. 高校收费区间的叠幅问题

如果两个相邻收费等级之间没有交叉和重叠或交叉和重叠较少，意味着所确定的收费等级是不客观的。因为，如果一所高校级别晋升后，实事求是地说，我们从它的办学条件、师资水平、办学层次、社会认可度等多个层面考察，与原来的水平相比改善程度普遍不会很高，当然发生突变的高校也有，但毕竟是少数。不同级别高校的交叉叠幅状况可用图 1—1 显示。

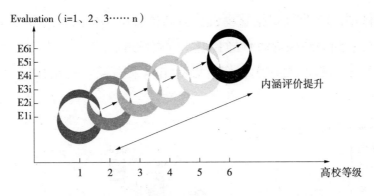

图 1—1　不同级别高校办学水平层次交叉叠幅模型

因此，如果收费水平比原来高出很多，会带来两方面的不良后果：一是会引起原来处于同一收费等级高校的不满，形成无序竞争；二是会使更多的高校忽视提升内功，把更多的精力集中在学校级别的晋升上，在高校之间形成不良的"晋升攀比"效应。事实上我国高等教育体制改革以来，特别是 1999 年扩招以后，存在"职高升中专、中专升专科、专科升本科、单科院校升综合性大学、应用型大学升研究型大学"等不良现象，在办学层次上，追求本科、硕士、博士一体化，一般院校与"211"攀比、"211"与"985"攀比等①，严重违背国家不同人才需求的客观实际，导致高校人才培养的市场供给与用人单位人才缺位的市场需求错位。当然，作者确信攀比晋升和高校的收费标准关系不大，因为目前国家教育主管部门尚未设计出不同级别高校清晰的收费层次，但是不同等级的高校获得的政府拨款是有明显差异的。因此，笔者认为，在相邻的两个收费等级之间应有一定的交叉和重叠，当然交叉和重叠不能过多，否则会使不同收费等级之间的中值差异减小，削弱收费等级差异的

---

①　纪丕霞等：《我国大众化阶段高等教育质量观的重构》，《中国教育科学通报》2005 年第 11 期，第 65 页。

积极作用。收费区间的叠幅设计对高校收费结构来说，非常重要，直接关系到我国高等教育的和谐、健康发展。

为了分析说明问题，作者设计出以下高校收费结构模型，见图1—2。

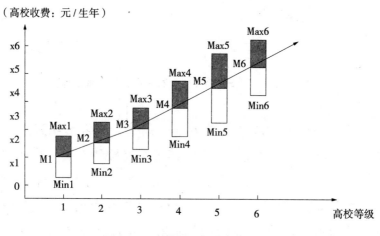

图1—2　高等学校收费结构模型

特别说明：①作者根据我国高等学校的基本构成，从收费角度把高等学校分为六种类型，1为高职高专院校；2为一般本科院校；3为省属重点院校；4为"211工程"大学；5为国家"985工程"大学；6为特殊专业性院校。②第六类大学，高校的级别可能不高，但是由于专业的特殊性，它培养成本相对较高（如：医学、理工、信息工程、生物工程等院校，属于特殊收费范围）。③处于同一级别的高校无论办学性质如何（国立或民办），最终所获得的生均经费总额应持平，充分体现行业内部的一致性原则。④在2007年3月两会期间，国家高层提出，师范类院校实行免费教育，本模型设计不违背国家的政策导向，因为即使免费也应按照高校的不同级别拨款，如果北京师范大学和一般师范院校的拨款一样的话，那么显然是不合适的。

设不同高校的收费基准为 X_i；最低收费等级的中值和相邻收费为 M_i；收费变动比例为 S_i；最高收费标准为 Max_i；最低收费标准为 Min_i；重叠区间为 O。（其中：i=1、2、3、4……n），则：

$$O=Max_1-Min_1 \quad\cdots\cdots\cdots\cdots\cdots\cdots\cdots\quad (1—8)$$

结合前面（1—5）的分析可得：

$$Max_1 = \frac{2M_1 + 2M_1S_1}{2 + S_1 - Min_2} \cdots\cdots\cdots\cdots\cdots（1-9）$$
$$= \frac{2M_2}{2 + S_2}$$

把（1—9）代入（1—8）得：

$$O = \frac{2M_1 + 2M_1S_1}{2 + S_1} - \frac{2M_2}{2 + S_2} \cdots\cdots\cdots\cdots（1-10）$$

通过推导，可以得知高校收费区间的叠幅取决于收费等级的中值和收费变动比例，如果 $S_1=S_2=S_3=\cdots\cdots S_i=S$，那么就有以下关系：

$$O = \frac{2M_1 + 2M_1S}{2 + S} - \frac{2M_2}{2 + S}$$
$$= \frac{2M_1S}{2 + S} - \frac{2(M_2 - M_1)}{2 + S} \cdots\cdots\cdots\cdots（1-11）$$

所以，相邻收费等级的中值越接近，收费的变动比例越大，则收费区间的叠幅就越大。相反，如果收费等级区间的中值级差越大，同一收费区间的收费变动比例就越小，收费区间的重叠区域也越小。

4. 高校收费区间的比较比例与收费区间的渗透度问题

高校收费区间的比较比例既可用于高校个体，也可用于高校群体或整个高等教育领域。当收费区间的比较比例用于个体高校时，其含义是指某个高校的实际收费与相应收费等级中值的比值，它反映了该高校在相应收费区间的地位，当比较比例 =100% 时，说明该高校的收费为收费等级的中值。一般情况下，建校时间长、人才培养质量稳定、社会认可度高的高校，应高于 100%，相反，晋级时间不长、办学层次提升时间不长、人才培养质量有待提高、社会认可度有待检验的高校，应低于 100%。

当收费区间的比较比例用于高校群体或整个高教领域时，其含义是指某一收费等级的中值与教育市场人才培养平均收费的比值。它反映了高校群体或整个高教领域的收费在人才培养市场的状况。如果这个比值 < 100%，说明允许的高校收费标准低于教育市场的平均水平，不利于调动高校的积极性。如果这个比值 > 100%，说明允许的高校收费标准高于教育市场的平均水平，不利于控制高等教育的教育成本。

对个体高校收费水平分析的另一个工具是收费区间的渗透度（Permeate）。收费区间的渗透度反映了个体高校实际收费与收费区间的关系。设收费区间的渗透度为 P；某高校的实际收费为 C；收费变动范围为 R；该区间最高收费标准为 Max；最低收费标准为 Min；收费变动比例为 S。收费区间渗透度的计算公式为：

$$P = \frac{C - Min}{R} \quad\cdots\cdots\cdots\cdots\cdots（1—12）$$

将（1—1）式中的 R=Max-Min 代入（1—12）得：

$$P = \frac{C}{R} - \frac{Min}{Max - Min} \quad\cdots\cdots\cdots\cdots（1—13）$$

再将（1—3）式中的 $S = \frac{Max - Min}{Min}$ 代入（1—13）得：

$$P = \frac{C}{R} - \frac{1}{S}$$

又因为（1—6）式中 $R = \frac{2MS}{2 + S}$，所以，$P = \frac{C(2 + S)}{2MS} - \frac{1}{S}$，整理得：

$$P = \frac{C}{2M} - \frac{1 - \frac{C}{M}}{S} \quad\cdots\cdots\cdots\cdots（1—14）$$

因此，高校收费区间的渗透度与收费区间的中值和收费变动比例相关，随着收费中值的增加而减少，随着收费变动比例的增加而增加。

三、研究结论及政策建议

结论：通过对高校收费结构的设计及相关概念的分析，我们发现收费变动范围与收费区间的叠幅；收费区间的比较比例与收费的渗透度都与收费区间中值和收费变动比例密切相关。因此，收费区间中值和收费变动比例是高校收费结构设计中最为关键的两个因素。

建议1：高校收费结构设计是一个不断理性化的过程，只有顺应国际高等教育的发展趋势，立足本国国情，结合我国高等教育的特点来设计高校的收费结构，才能有利于高等教育的发展。

建议2：现行的高等教育收费是高是低，理论上还无法界定，因为我们没有相对科学的人才培养成本标准。但是高校经费来源结构不合理是明摆的事实，一方面是国家投入不足，从有关数据看，2000—2008年国家财政性教育投入占GDP的比重分别为：2.58%、2.79%、2.90%、2.84%、2.79%、2.82%、3.00%、3.22%、3.33%，九年平均为2.91%，至今远未达到中央曾经提出占GDP比重4%的目标。我国2008年财政性教育经费占GDP的比重为3.33%，与世界主要国家4.70%的平均水平相比还有相当的差距。[1]另一方面是高等教育大众化带来的扩招提费效应，从有关数据看，2000—2005年学费占城镇居民可支配收入的比例分别为：70.3%、66.4%、59.2%、53.8%、48.4%、43.4%，六年平均为56.92%；学费占农村居民可纯收入的比例分别为：195.9%、192.6%、184.1%、173.8%、155.2%、140.0%，六年平均为173.6%。[2]两项指标均大大超过了国际公认的20%参考值。所以，问题的关键是国家教育行政主管部门要组织教育专家、经济学专家和管理学专家对高等教育的培养成

---

[1]　教育部新闻办公室：《对话教育热点2009》，中国科技出版社2010年版，第189页。

[2]　顾秉林：《一流大学建设若干问题探析》，《清华大学教育研究》2007年第1期，第48页。

本进行科学、合理的测算，出台不同级别院校的人才培养成本标准，为确定收费标准提供可行依据，然后再来合理确定国家和居民家庭对培养费用的分担比例。据教育部部长袁贵仁表示，2007年教育部将会同国务院有关部门联合出台高校生均成本核定办法，不允许出台新的收费项目，也不允许收取国家已明令禁止的各种费用。不同学科的不同成本，文科、理工科、医学、艺术类不同的培养成本，核定办法时考虑到了这些因素。教育部副部长张保庆接受采访时也估算说，现在的日常运行成本，理工科一年得1.5万元左右，文科得1.2—1.3万元，医学至少要4万元，艺术院校的学生至少需要10万元以上。[①] 如何科学、客观地测算高校人才培养成本标准需要进一步深入研究。

建议3：要有效治理高校的乱收费行为，国家教育行政主管部门必须为之提供一个层次分明、收费区间合理、便以操作的收费序列标准，否则每年有关部门进行的高校收费督察和审计只能治标，不能治本，仅仅是一种权宜之计。从经济学意义上看，大规模、地毯式的高校收费督察和审计又从另外的渠道扩大了国家政府的委托代理成本。

建议4：高校收费结构设计是内部一致性和外部竞争性综合博弈的平衡结果，所以高校收费结构设计应与社会和谐发展相适应，从战略上进一步推进高等教育的改革发展，实现收费结构和收费区间对高校的激励机制与国家高等教育的发展目标有机统一。

---

① 吴开俊等：《高校学费依据教育成本收取的悖论》，《高等教育研究》2007年第1期，第8页。

研究总结

在我国高等教育体制改革进程中，高等教育的属性问题曾经引起学术界的剧烈争论，有学者认为，它属于公共产品，应该突出其公益性，强调社会效益，实质就是免费教育。有学者则认为，它属于非公共产品，应该把它当做一个产业来办，突出其经济效益，实质是全额收费教育。笔者认为，中国的高等教育虽然具有明显的公益性事业成分，但绝对不是公共产品，它应该属于"准公共产品"。因此，免费教育是不可能的，全部由政府买单也不符合中国国情，问题的关键是如何科学、合理地确定政府与受教育者家庭的分摊比例。目前，我国高等教育的收费结构，并未确定高校评定等级的收费级差系数，这从理论上说，是不公平的。

第二章　师德建设

——新时期我国高校不能回避的现实问题

第一节　教育诚信与高等院校道德问题

问题评析

　　高校道德是学校办学过程中一个十分活跃的因素，对国家的兴衰具有举足轻重的作用。改革开放30多年来，我国高等教育成绩斐然，为国家培养人才和提高全民素质作出了重要贡献。然而，在巨大成绩的背后，也有部分高校和办学者的道德表现日渐令人忧虑，他们表现出的道德风险问题，虽然有主客观等多方面的原因，但是已经威胁到我国高等教育的可持续发展，必须采取相应的对策措施加以整治和规范。

　　改革开放的30多年来，我国的高等教育成绩显著，不仅为我国的素质教育作出了重要贡献，而且树立了良好的高校道德形象。但是，我们也应该清醒地认识到在巨大成绩的背后有一部分高校和办学者的道德表现令人忧虑，它们产生的败德问题，在一定程度上扭曲了高等教育的作用，破坏了人才培养的客观性和真实性，动摇了国家健康发展的基石。因此，在新的历史条件下，研究和关注高等院校的教育诚信状况与道德问题，对加速国家高端人才的培养，进一步提高国民素质具有重要而深远的现实意义。

一、相关文献的回顾与综述

亚里士多德在他《尼各马科伦理学》中首次提出了"道德源本论"。19世纪初德国著名哲学家、教育家赫尔巴特指出："学校教育的目的在于培养具有'完美德性'的人"，"学校教育的唯一工作和全部工作可以总结为一个概念——道德"。

19世纪末，美国农业社会的道德体系以"清教伦理"为根基，形成了以"社会规范——崇尚平等观念；个人规范——奉行个人主义原则；生活规范——严守道德，倡导节约；职业规范——勤劳致富"的道德规范体系。到20世纪初期，出现了第一个美国特色的伦理学——实用主义伦理学，占据了美国民族的主导性文化价值地位。20世纪80年代起，"品格教育"运动成为美国道德建设的主导术语，在演进过程中，各种理论主张之间存在分歧，包括非广义品格教育（Non-expansive Character Education）的内部分歧，非广义品格教育和广义品格教育（Expansive Character Education）之间的分歧，当前美国力图缩小分歧，并在理论和实践层面加以整合，以期解决民主、自由社会下的价值失落与道德的重振问题。在目标定位上，贝内特（W.J.Bennett）、克伯屈（W.Kilpatrick）、利康纳（T.Lickona）等人认为，品格教育的宗旨在于通过培养良好的品格来"诊治"当今的社会问题，努力消除社会道德危机，尤其是转变青少年"暴力、偏执、不诚实、自我中心、社会责任感缺失、性放纵"等不良品行。以求弥补日益严重的家庭"道德真空"（A Moral Vacuum），避免"道德盲"（Moral Illiteracy）的出现。

新加坡针对"清水无鱼，根基薄弱"的道德危机，提出了

"归属感——国家利益第一——群体意识"三维一体的国家道德建设体系，前任总理李光耀指出："忠孝仁爱礼义廉耻"，是政府的"治国之纲"，是新加坡每个公民必须保持和发扬的美德。1991年1月新加坡内阁提出了"国家至上，社会为先"；"家庭为根，社会为本"；"关怀扶持，同舟共济"；"求同存异，协商共识"；"种族和谐，宗教宽容"的五大价值观，进一步丰富了道德建设的内涵。

韩国在传统道德的现代转型中，充分发挥政府的作用，建立了"学校道德教育——社会道德教育——家庭道德教育"为主的社会道德体系，并于1969年先后颁布了《家庭礼仪准则》和《工职人员伦理法》等。

我国是一个世界文明古国，道德规范和道德教育的研究源远流长，孔子在几千年前就提出了"弟子入则孝，出则悌，谨而言，依于仁，游于戏"的教育思想。孟子提出"大学之道，在明明德，在亲民，在止于至善"的办学思想。著名教育家陶行知指出："千教万教，教人求真，千学万学，学做真人"。历史上"德教为先"在我国的道德教育中得到了很好的验证。新中国成立后，我党的几代领导人十分重视道德教育的重要性，毛泽东同志指出"没有正确的政治方向，就等于没有灵魂"。邓小平同志强调："各级学校教育应把培养学生的政治道德素质放在第一位。"江泽民同志提出："各级各类学校不仅要建立完备的文化知识传授体系，而且要建立完善的道德教育体系。"并先后在国家文件中把"以德治国"列为国家建设和发展的重要工程。因此，如何规范自身行为，履行大学教育的社会责任，构建"面向世界"的思想道德教育体系是我们面临的重要任务。

二、高校道德的认识和分析

高校道德是学校办学过程中一个十分活跃的因素，对国家的兴衰占有举足轻重的地位。所谓高校道德，是指学校在办学过程严格遵守国家教育法规、制度，与国家和社会利益一致的前提下，通过严格的教学管理，培育适应社会需求的人才，通过多种途径获得教育投资补偿的一种社会行为。具体来说，高校道德包括办学道德和职业道德两个方面。在长期的教育实践中，我们往往强调的只是职业道德，忽视了办学道德的作用，事实上办学道德和职业道德是学校道德体系的有机组成部分，两者既有联系，又有区别，它们互为前提，相互作用。

1. 办学道德和职业道德的相互关系

首先，办学道德和职业道德是学校道德体系的有机组成部分，两者相互联系，密不可分。办学道德的贯彻依赖于学校员工对学校办学宗旨、发展方向和发展目标的理解和把握，并运用于具体的工作实践，离开员工生动而具体的工作，办学道德无所依托，而职业道德是员工具体工作中的价值取向，影响和制约着高校道德的实现程度。因此，办学道德是职业道德基础，职业道德是办学道德在员工思想、行为上的具体反映。其次，两者的作用方向是一致的。从高校的教学活动来看，办学道德和职业道德都有着促进或阻碍的作用，具有作用方向的一致性。如果一所高校在办学道德上存在问题，要想要求员工有良好的职业道德是不可能的。因此，正确认识和分析高校道德的两个内涵，有利于我们在办学过程中自愿自觉地、创造性地运用道德的力量，提高工作效率，进而提高学校的道德水平。

2. 办学道德与职业道德的区别

首先，两者的作用对象不同。办学道德是规范和控制学校法人和办学机构的社会行为，而职业道德则是规范和控制学校员工自身的个人行为。也就是说，客观要求学校必须有道德地办学，员工必须有道德地从业。其次，两者的具体内容不同。办学道德是以学校的办学方向、方针、政策和原则为内容的。而职业道德则是以员工个人从事的工作、职责、行为规范为内容的。最后，两者的表现方式不同。办学道德是通过学校的办学水平、办学质量、社会贡献和社会声誉来体现的。而职业道德则是以员工个人的工作态度、工作效果和工作业绩来体现的。

3. 在新的历史条件下，强化高校道德建设重要性

首先，良好的学校道德具有特殊的重要性，任何单位、部门都存在一个道德问题，但是由于高校和其他单位的性质不同，学校道德不同于单位道德，高校道德的好坏直接关系到国家高等教育事业的千秋万代，因此，学校道德必须受到高度的重视，必须在教育改革中致力于学校道德建设。其次，良好的学校道德能有效弥补法规和制度的不足，任何法规和制度不可能解决学校的一切具体问题，俗话说："尺有所短，寸有所长"，在学校管理上，有制度不及之处，就是依法治校，也必须辅以道德为基础。所以，我们认为，良好的高校道德可以弥补机制上的缺陷。相反，败坏、恶劣的学校道德，必然会扩大机制上的漏洞。特别是在管理者和被管理者同制度之间出现抵触情绪时，良好的学校道德能够以提高员工的道德修养方式来调和。最后，学校道德建设和制度建设具有等同的重要性。高校道德风险的出现，不仅在于制度的约束力被人为打破，而且还在于学校道德的力量不能有效制止人们的违法、违规、违纪行为。因此，学校道德建设必须与制度建设同步发展，充分、正确地认识和分析学校道德的效力，有利于我们在办学扩张过程中有效防止道德水平的下降。

三、高校道德失范的种种表现

在我国高等教育改革的历史进程中，当我们把精力集中于探索多渠道、多元化、多层次办学模式、致力于学校办学规模扩大和

教学方式改革的时候，我们没有真正认识到在办学过程中学校充满着种种的道德行为选择，更没有人在人才培养的成败中去捕捉、分析学校道德的作用和作用的大小。这本来应该受到教育专家和教育界同仁的重视事关高等教育发展的大问题之一，但是在多年的教育实践中却被忽视了。无论我们是否承认学校道德的力量，但是它却始终贯穿于学校办学的整个过程，时刻提醒我们注重学校道德正反两方面的作用，特别是学校道德的负面效应及破坏性后果更能证明学校道德的存在。改革开放以来，一些高校在办学过程中出现的严重道德问题，也证明了我们的观点。主要表现如下：

1. 在多渠道、多元化、多层次办学模式背后，国立高校凭牌子，其他学校凭关系

改革开放 30 多年来，我国逐步形成了以国立学校为主导、以民办、私立学校为补充的投资主体多元化、办学模式多样化的办学体制。应该说这是我国教育体制改革的一大成果，但问题是存在着严重的办学混乱现象。从国立学校来看，一些学校打着联合办学的旗号，形成大学办高职、高职办中专、中专办大学的混乱格局。有的大学从中专、专科、本科到研究生应有尽有，而有的中专和高职院校则从中专、专科、本科到研究生门类齐全，只要能赚钱，什么学都能办。我们不禁要问，这样的办学模式能保证质量吗？至于一些民办和私立学校，它们关心的是办学的合法牌子，只要办学牌子到手，是否有固定办学场所、教学设施、教师资源则无关紧要。有的已经招生，学生很快报到，办学的"老板"们还在为寻找办学场所到处忙碌。我们要问，这样的人才培养模式能否经得起 21 世纪知识经济时代社会对人才质量的检验？如果我们把这种办学方式理解为多渠道、多元化、多层次办学的话，那么国家教育行政主管部门根据不同的人才培养标准，划分办学层次、设定办学条件就没有任何意义。因此，在多渠道、多元化、多层次办学模式背后，

存在着严重的学校道德问题。

2. 在高层次人才培养的背后，买文凭、混文凭现象盛行

进入 20 世纪 90 年代以来，随着国家用人标准的提高，中组部规定了不同职位领导干部选拔任用的相应学历标准。因此，一时间弄文凭、提升学历层次早已成为一种时尚，这本来是件好事。但是在高层次人才培养的过程中也出现了大量的掺假行为。一是在高校专家、教授等导师资源相对有限的情况下，导师所带学员大大超过极限，有的导师一人带十几个博士，三五十个硕士，面对这种状况，学校的人才培养标准、学位制度似乎成了"法不治众"，最后不得不采取"放水"措施。二是生源素质过低，有少数政府官员或行政领导，为了保住官位或继续升迁，不到学校上一天课，也要想办法弄一个本科、硕士或博士文凭。有的厂长、经理、公司老总，平时忙于经商，为了顺应时代的要求，出钱也要去弄个硕士或博士。更让我们可怕的是有的就连 A、B、C、D………等26个英文字母顺序都搞不明白的人，身上竟然也揣着研究生文凭，让我们感到惊讶的是很多文凭从入学到毕业都有国家教育行政主管部门的合法手续，我们无法否定文凭的真实性。唯一可以证实的是文凭与内涵之间存在巨大的反差。由于受社会片面人才观的影响（譬如：唯有大学文凭才是人才，学历越高、越是人才等），在高层次人才培养的背后，也暴露出了高校严重的道德问题。

3. 在高校的教师队伍里"授业失职"现象严重

所谓教师"授业失职"是指教师在教学工作中，对学生传授的知识不指导学生毕业后的工作，从而导致学生学到的东西到社会上根本没用的现象。由于高校的考核机制不健全或不合理，导致教师出现种种"走穴"现象。譬如：在高校哪怕你教书教得再好，要评职称没有科研成果是不可能的，上海交通大学的晏才宏案例就是个典型的例子，在他的教书生涯中，一直受到所教学生的欢迎，但是由于没有科研论文，到他生病去世时，仅仅是一个讲师，这不能不说是一个沉重的话题。从高校管理的状况看，普遍实现"走班制"，基本上教师上完课，夹上讲义就走人，和学生沟通非常少，因此，大学教师兼有第二、第三职业的现象大有人在，在大学里普遍存在"重兼职，轻科研"的现象。难怪有的教师说："搞教学、科研是为了评聘晋升职称，在外兼职才是生活奔小康的根本。"我们认为，教师"授业失职"不同于教师"工作失职"，因为"授业失职"具有更大的隐蔽性和欺骗性，特别是在学生缴费上学、自主择业的今天，教师"授业失职"对整个社会的危害性更大。从教师的授业管理中，也暴露出学校严重的道德问题。

四、高校道德风险的产生机理

高校出现道德风险的原因是多方面的，既有主观方面的原因，也有客观方面的原因，其产生的机理如下：

1. 教育行政主管部门对办学者的资格审查把关不严导致办学秩序混乱

就目前来说还缺乏具体的可操作性强的办学资格评估标准，对批准学校的后期运作跟踪关注不够，办学方式监管不力，致使一些教育投机者钻了空子。办学最起码的条件要有稳定的师资队伍、固定的办学场所及专业设置所需教学软、硬件条件。但是实际情况是一些非国立学校没有这些基本条件。有的学校甚至填报一个国立高校的场地，报一份高校教师的名单，公然拿到了合法办学的牌子。在社会力量办学领域，有的学校打着联合办学的幌子，推行"游击队"战术，打一枪换个地方，教育专家把这种现象称为教育资源的"体外循环"。这里我们应该清醒地认识到，社会力量办学本身就是一种市场行为，办学者投资办学是要赚钱的，没有人去做亏本的买卖，如果教育行政主管部门设计的"游戏规则"有漏洞，那么投机者钻国家政策的空子在所难免。教育机构私立化，在国外发达国家非常普遍，我国改革开放 30 多年来结合本国的国情，进行了广泛的学习和借鉴。但是我们从办学者的"第一桶金"来看，我们和国外有着本质的差别，国外是投资者拥有足够的资本而办教育，把办好教育作为一种事业追求。国内是投机者缺乏足够的资本而办教育，把办教育作为获取丰厚投资回报的工具。难怪经济学家们说："目前国内最赚钱的行业就是办学，招生收费后，不上税、不缴费，除去低廉的办学成本，就是丰厚的利润。"在这种情况下，就根本谈不上学校的道德问题了。

2. 国家教育投资的严重不足，使一些高校在高层次人才培养的过程中，过多地选择了市场行为

改革开放 30 多年来，教育投资严重不足是众所周知的事实，虽然国家高层"科教兴国战略"提出多年，1993 年《国家教育改革和发展纲要》提出，全国财政性教育支出占 GDP 的比重到 20 世纪末达到 4%，现在已经是 21 世纪的 2011 年，但是我们离 4% 的指标还有相当的距离。特别是一些国立高校受到办学经费严重不足的困扰，很多省的高校生均经费执行的是 3—5 年一定不变的政策。在高层次人才（研究生）的培养方面，各高校除了国家下达的正常计划外，通过计划外办班或其他途径办班的收入解决燃眉之急，据笔者的调查，各高校举办的研究生课程班，培训收费标准大致为10000—15000 元 / 人，申请学位者，另外收取数额不等的考试和答辩费，这和国家一个正规研究生培养的教育投入相差甚远，因此学校回报所得与庞大教育经费缺口相比，简直是杯水车薪。高校在手续完备的情况下，唯一可以选择的是减少培养环节，减少教育成本，降低培养标准。因为就学校本身来说，总不能做亏本的买卖，只有选择"一分钱一分货"的市场行为来解决矛盾。在此情况下，学校出现道德风险在所难免。

3. 严重的脑体倒挂和缺乏有效的约束机制，是高校教师出现"授业失职"行为的基本根源

首先，长期以来，严重的脑体倒挂是人所共知的事实，尽管改革开放以来，我国政府采取了多项措施，努力提高知识分子的待遇，但是问题远未解决。试想，我国住房制度改革以后，教师在没有隐形收入的情况下，要靠自己微薄的工资收入，购买一套属于自己的住房，谈何容易。应该说，我国社会主义市场经济体制确立后，高校教师们对此最为敏感，他们深深懂得市场经济的基本法则，那就是以最小的投入追求最大的产出，因此，收益最大化是广大教师的普遍选择。我们必须明确，在科学技术突飞猛进的今天，教师不求知识更新，不去扩大自己的知识面，重复原来的授课内容，其个人的教学成本是最低的，在这种状况下，"授业失职"行为难以避免。难怪有年轻教师编了这样的顺口溜："科研项目评审排资论辈，研究资助没有机会"；"搞科研不如搞经营，写文章不如兼职赚小钱"等等。这些都从一个侧面反映了大学知识分子收入脑体倒挂的严重本质。更为可怕的是个别大学教师宁愿请研究生承担自己的教学任务，自己支付课时酬金，也不愿放弃在外兼职的机会。由于课表是按教师名字排定的，教师不仅在外获得高额收入，而且不影响考核时本人在学校的年度教学工作量。其次，对教师的教学工作缺乏有效的监督约束机制。从大学教师的教学工作来看，由于学生、教学管理检查人员和教师三者之间存在严重的信息不对称现象，学生对自己应该学什么知识、老师传授的知识对今后的工作、成长是否有用等没有清楚的认识。对教师来说，他们深知日常的教学检查往往只能从表面上对教师的教案、讲义的编写状况、是否按时上下课、教师授课的逻辑思维、教学组织方法、板书设计、教态等方面来评判教学工作的好坏。至于教师教授的内容是否是新知识，是否处于学术前沿，对学生是否有指导作用，往往具有很强

的隐蔽性，在专家组成的教学考评活动有限的情况下，高校教师的"授业失职"行为就会不断地从可能转变为现实。

五、高校道德风险的社会危害

我们研究和分析高校的道德问题，是因为我们感到道德风险已经威胁到我国高等教育事业的可持续性发展。如果不加以遏制，必将后患无穷。全面认识和分析高校道德风险的社会危害性，目的在于提高认识，防患于未然。高校道德风险的危害主要表现在：

1. 缺乏规范的办学格局，必然损害国家教育体系的权威稳定，散失高等教育可持续发展的后劲

1995 年颁布实施的《中华人民共和国教育法》明确规定："国家建立以财政拨款为主，其他多种渠道筹集教育经费为辅的教育体制"，近年来，在国家财政教育投资逐年增长的同时，辅助性来源渠道的作用日益增强，形成了全民支持教育的良好格局。但是，在社会力量办学中，那种办学场所不固定、师资队伍不稳定（约80%的教师来自国立高校）、缺少必要教学设施的短期行为，必然破坏国家教育体系的稳定和发展，不仅会使我国高等教育缺乏后劲，而且也极大地影响到国立高校的办学活力。

2. 掺假的高层次人才培养行为，必然加快我国高层次人才的淘汰速度，扩大教育投资的机会成本，无论对国家或个人都是一笔严重的教育投资浪费

毋庸置疑，虚假的高层次人才，必然导致我国的人才总量中形成"量大低能"的基本格局，必然经受不起 21 世纪科技信息时代对人才的检验，有相当的人会被社会所淘汰。当然有人会说，淘汰和竞争本身就是市场经济和现代社会竞争的基本法则，如果真是这样的话，那么我们付出的代价就太沉重了。

3. 教师的"授业失职"行为，严重危害高校的师资队伍建设，最终导致学校培养能力的下降，加剧中国人才短缺的矛盾

在科技水平不断提升、科技创新能力不断提速的 21 世纪，高科技人才短缺是世界各国普遍面临的现实问题，也是世界各国关注和研究的主要问题。据专家测算，2010 年，美国缺高科技人才 60 万人，日本的高级人才总量也只能满足需求的 50%。我国人事部预测的结果表明，2010 年，我国高级人才需求量约为 9076 万人，占社会劳动者的比例为 11%，人才与总人口的比例约为 1：15，仅占总人口数量的 6.7%，按照我国原有的人才培养能力和培养速度，2010 年我国约有 1000 万的人才缺口，今后的缺口进一步扩大。① 特别是在科技信息时代的今天，科学技术发展日新月异，作为培养高级人才的大学教师，客观上要求他们时时进行知识的更新和技能的扩充，而教师"授业失职"行为的存在，本身就是"不求上进，吃老本"的机械重复授课内容的必然结果。这种状况长期延续，必将降低学校的基本功能，最终动摇我国高等教育事业发展的基石。

六、强化高校道德建设的基本方略

我们应该承认，改革开放 30 多年来，我国高校道德的主流是好的，譬如：北京大学、清华大学、浙江大学等高校，结合本校的实际，制定了校训和校风，这是不容置疑的。但是我们也应该看到一些高校出现的道德风险，使我们每个从事高等教育的同志不能高枕无忧，守望大学精神，呼唤大学道德振兴，提高学校道德水平是我们的社会责任。主要方略是：

---

① 耿庆彪等：《科技创新·人才开发·全民教育》，《经济体制改革》1999 年第 1 期，第 35 页。

1. 进一步完善我国学校教育的制度建设，构建切合实际的动态教育监控体系，推动教育体制改革进入新的发展阶段

目前，我国教育投资主体多元化、办学模式多样化已初现端倪，但是在管理上还存在一个进一步规范的问题。一是在联合办学方面，必须根据各校的区位优势及师资条件，实行"强强联合"，加大对联合办学的监管、评估和检查力度，严把办学质量关。二是在社会力量办学方面，必须严格办学标准，建立动态的教育市场准入和市场退出制度、办学资格年检制度，定期向社会公布相关结果。对已审批获得办学资格、办学条件基本具备但条件不完备的学校，必须确定合理的整改期限，限期达标。对那些确实不具备办学条件的"游击队"，必须予以摘牌，杜绝高等教育领域的"皮包学校"现象，防止教育投机者的"洗钱"行为，从制度、机制设计上防止高校败德行为的发生。

2. 采取切实可行的措施，规范高校在职人员研究生高层学历教育的管理

随着我国高等教育体制改革的不断深入，高等教育由传统"精英教育"向"大众化教育"转变，研究生教育的社会需求不断增长。各高校为了增加创收，弥补教育经费的不足，也在多途径创造研究生教育的培养条件。但是无论从入学考试、培养环节的管理和收费标准上，都存在一些漏洞，从某种程度上说，形成了高校之间的恶性竞争。建议教育部进一步修改和完善统一实施的规范。从我国的学历、学位管理来看，与国外比较有一定的差别，我国实行的是学历、学位分离制度，国外实行的是学历、学位合一制度。即：我国一个本科生正常毕业，核发本科毕业证书，并授予学士学位证书。也就是说，学历证是核发学位证的前提，如果一个学生毕业证都没有就根本谈不上学位证。但是如果一个学生按照规定学完本科阶段所规定的全部课程，考试合格，但又达不到授学位条件的，可核发毕业证。从这一实

际情况看，学位证的效率高于毕业证。我国的成人高等教育也遵循这样的程序。但是我国的在职研究生教育，情况有些混乱，有的本科毕业，没有研究生毕业证书，但拥有硕士或博士学位，这和我国的学历、学位管理制度执行的实际情况不符。有学位证没有学历证，究竟如何认定其学历目前也有很大的争议。问题的根源就出在入学环节上没有一个权威的规范。1998 年以前，各高校开办的在职研究生班是通过教育部备案的，学校核发研究生班毕业证书，国家认可学历，通过学位外语考试，授予硕士学位。1998 年以后，教育部进行清理，不准开办在职研究生班，学校可自行组织在职研究生课程进修班，学校不得发研究生班毕业证书，通过教育部综合理论知识和学位外语考试，通过论文答辩，准予授硕士学位。这样一来，即便获得授硕士学位的也缺少研究生毕业证。近年来，教育部根据我国中小学和高校教师学历整体偏低的实际情况，单独命题，开办了教育硕士班（面对中小学和高校教师）、高校师资硕士班和高校思政系列硕士班（面对高校）。但是这种状况不能满足社会各专业成人对在职硕士教育的需求。我们认为：一是要进一步规范成人在职硕士教育的入学考试环节，可借鉴我国成人高考的成功经验，按照不同专业及培养方向，划分入学考试科目（教育部统考科目和招生学校自考科目），增强对学生专业能力和未来培养全力测试的针对性；二是在录取环节，根据不同地区的教育发展实际，划定不同的录取线标准；三是按照各专业的不同培养目标和方向设定不同的收费标准，避免收费上的不正当竞争行为；四是在培养环节上，明确培养标准，严把人才培养质量关，以完善的制度约束学校败德行为的发生。

3. 国家政府要真正解决法规落实不到位的实际问题，以实际行动确保增加教育经费投入，解决国立高校教育经费缺口的困扰，真正解决我国教育可持续发展的后劲问题

重视教育，喊了多年，但是仍然问题很多，其中核心问题是

教育投入不到位，多年来国家教育投资欠账过多。1993 年《国家教育改革和发展纲要》提出，"逐步提高国家财政性教育经费支出占 GDP 总值的比重，到 20 世纪末达到 4%"，但是我们现在已经是 21 世纪，仍然没有达到。此外，《中华人民共和国教育法》也明确规定："各级地方人民政府教育财政性拨款的增长比例应高于财政经常性收入增长的比例。"但是实际上也没有落实到位，有关具体情况我们可以通过表 2—1 的有关数据进行反映。我们虽然强调要调动一切社会力量参与教育和投资，但这决不能否定国家教育

表 2—1 1993—2008 年我国财政性教育投资占 GDP 的比重

年份	GDP（亿元）	国家教育经费（亿元）	国家教育经费占 GDP 的比例（%）	年份	GDP（亿元）	国家教育经费（亿元）	国家教育经费占 GDP 的比例（%）
1993	35334	867.7618	2.46	2002	120333	3491.4048	2.90
1994	48198	1174.7396	2.44	2003	135823	3850.6237	2.84
1995	60794	1411.5233	2.32	2004	159878	4465.8576	2.79
1996	71177	1671.7046	2.35	2005	183217	5161.0759	2.82
1997	78973	1862.5416	2.36	2006	211924	6348.3648	3.00
1998	84402	2032.4526	2.41	2007	257306	8280.2142	3.22
1999	89677	2287.1756	2.55	2008	314045	10449.6296	3.33
2000	99215	2562.6056	2.58	2009	335353	不详	—
2001	109655	3057.0100	2.79	2010	—	—	—

资料来源：①国家统计局：《中国统计年鉴 2009》，中国统计出版社 2009 年版，第 384 页；②2008 年教育经费数据来自于教育部、国家统计局、财政部关于《2008 年全国教育经费执行情况统计公报》，《中国教育报》2009 年 11 月 20 日第二版；③2008 年 GDP 数据来自国家统计局《关于修订 2008 年 GDP 数据的公告》。

投资的主导地位，这也是世界上发达国家教育改革成功的关键所在。美国是世界上教育最为发达的资本主义国家，前任总统克林顿在 1997 年 2 月的国情讲话中，根据美国未来高级人才的短缺状况，明确强调"美国首要的任务是要确保所有美国人得到世界上最好的

教育"，这充分体现了资本主义国家对教育的重视程度。我国是一个人口多、底子薄、经济落后的发展中大国，要办好事关子孙后代的教育这个"大产业"，必须强调政府的责任，必须保证政府对教育投入的主体地位，否则，十五大提出的"科教兴国战略目标"无法实现。没有强大的教育投资作保证，学校教师的待遇问题无法落实，教师"授业失职"行为难以遏制，学校的败德行为难以排除。但是，我们从1993—2008年国家财政收入增长率和教育经费投入增长率两个指标来看，很多年份教育经费投入增长率明显低于财政收入增长率，具体情况见表2—2。

表2—2　1993—2008年我国财政收入增长与财政性教育拨款增长的比较

年份	财政收入（亿元）	财政收入增长率（%）	教育经费（亿元）	教育经费增长率（%）	年份	财政收入（亿元）	财政收入增长率（%）	教育经费（亿元）	教育经费增长率（%）
1993	4348.95	—	867.7618	—	2002	18903.60	15.36	3491.4048	14.21
1994	5218.10	19.99	1174.7396	35.38	2003	21715.30	14.87	3850.6237	10.29
1995	6242.20	19.63	14115233	20.16	2004	26355.90	21.37	4465.8576	15.98
1996	7407.99	18.68	1671.7046	18.43	2005	31649.30	20.08	5161.0759	15.56
1997	8651.14	16.78	1862.5416	11.41	2006	39373.20	24.40	6348.3648	23.01
1998	9875.95	14.16	2032.4526	9.12	2007	5130.00	30.30	8280.2142	30.43
1999	11444.10	15.88	2287.1756	12.53	2008	61300.00	19.48	10449.6296	26.20
2000	13395.20	17.05	2562.6056	12.04	2009	68476.88	11.71	不详	—
2001	16386.00	22.33	3057.0100	19.29	2010	—		—	

资料来源：①国家统计局：《中国统计年鉴2009》中国统计出版社2009年版，第384页；②2008年教育经费数据来自于教育部、国家统计局、财政部关于《2008年全国教育经费执行情况统计公报》（N），《中国教育报》，2009年11月20日第二版；③2009年财政收入数据来自于《2009年中央和地方预算执行情况报告》，新华社2010年3月5日电。

研究总结

笔者认为，教育诚信与高校道德建设，是关系我国高等教育可持续性发展的软环境，它关系到我国高级专业技术人才培养的国际竞争力。在高等教育体制改革进程中，我们不仅要强化高等教育领域的法律、法规建设，强化对高校办学行为的规范力度；而且要强化高校道德建设力度，提高"教育诚信和诚信教育"的自律能力，从家庭、学校、社会、政府等不同层面，构筑有利于高等教育可持续性发展的良性环境。

第二节　高校教师执业失职行为的分析和研究

问题评析

改革开放 30 多年来，我国的高等教育取得了令人瞩目的成绩。但是在取得成绩的同时，我们也发现随着我国经济体制的变革、经济结构的调整和高等教育管理体制的变化，高校教师执业失职行为也日益凸显，无论对教育投资者、受教育者或是国家来说，均带来极大的危害，在新的历史条件下，必须采取有效的对策措施加以整治，为我国 21 世纪的全面持续性发展提供必要的人才保证。

长期以来，人们对高校教师这个职业赋予了令人羡慕的美称，大学教师乃国家人才培养工程的"高级工程师"，社会从不同的角度对高校教师教学工作的艰辛劳动给予了充分的肯定，对他们肩负的重大责任达成了广泛的社会共识。任何一所高校，如果没有必要的师资力量作保证，学校就无法生存和发展。然而，师资力量的关键不仅仅在于教师的数量，更为重要的还在于教师的质量，是质和量的有机统一。在我们跨入知识经济时代的 21 世纪，高校不仅要有高素质的师资队伍，还要有严格要求的教师职业道德水准。随着我国社会主义市场经济体制的建立和完善，我国的高等教育体制改革进入了关键性的攻坚阶段，在教育改革取得巨大成就的今天，我们也不难发现一些与高校教师神圣职业不相称的迹象，即：教师教学过程中的执业失职行为。这些问题如果不引起我们的高度重视，必将动摇我国高等教育事业的根基，乃至制约我国可持续性发展的后劲。

一、高校教师执业失职行为的认识与分析

高校教师执业失职行为有多种多样，但我们从失职行为的表现形式看，不外乎有两种类型：即公开性失职行为和隐蔽性失职行为。

1. 公开性失职行为

所谓公开性失职行为是指教师在教学工作中，作出与教学管理规定、原则相违背，严重违背教师职业道德要求的公开性行为，是一种明知故犯的行为方式。如：教师上课迟到、早退、不编写或不按规定编写教案、讲义、不按规定组织教学、不批改或不按规定批改作业、担任班主任的教师不履行或不按规定履行班主任职责、对学生学科成绩的考试、考核不履行监考人员职责等等。从学校教学管理的角度来看，以上这些行为都是学校明令禁止的，在教学管理中都有明确的规定，因此当教师出现公开性失职行为时，校方一般都能找到惩戒依据，能对教师的公开性失职行为予以及时纠正。

因此，严厉的教学管理措施，能收到前车之鉴的良好效果。

2. 隐蔽性失职行为

所谓隐蔽性失职行为是指教师在教学工作中，作出与教学管理规定、原则相违背，严重违背教师职业道德要求的隐藏性行为。这种行为产生的原因是比较复杂的，有的是明知故犯的行为方式，有的则是个人的能力不强、素质不高等客观因素产生的行为方式。主要表现在以下几个方面：

第一，教师个人的道德因素产生的隐蔽性失职行为，譬如：教师职业道德低下，在执教过程中，在学生学科考试、考核前对个别学生透露考试、考核内容；考试期间的吃、拿、卡、要行为，阅卷过程对个别学生成绩评定的营私舞弊行为等。

第二，教师个人的素质因素产生的隐蔽性失职行为。譬如：有的教师虽然知识水平很高，但因课堂教学组织的方式、方法不当，教学效果不佳，学生听不懂教学内容，反映强烈。尽管教师个人的愿望是把自己承担的课程讲好，让学生学到知识，对受教育结果满意，但是结果事与愿违，俗称"茶壶煮汤圆，倒不出来"的现象。

第三，教师个人的能力因素产生的隐蔽性失职行为。譬如：教师平时不重视学习，不注意自身知识的更新，机械地重复多年来的教学内容，虽然课堂教学组织的方式、方法得当，授课讲得"头头是道"，教学效果好，学生听下来满意，而实际上是对学生传授一些过时的知识，在学生学习期间对未来工作需要什么知识不太清楚的情况下，学生实质上受到了很大的蒙骗，因为教师向学生传授的知识不能指导学生毕业后的工作，学到的知识在未来的工作中实质上是一些无用的东西。因此，对学生来说，具有很大的欺骗性。

高校教师的以上行为因具有很强的隐蔽性，作为教学管理的校方，对教师的这种行为往往不易发现，一旦教师的隐蔽性失职行为不被发现，就难以及时采取措施加以纠正，这种行为的长期存在，对学校和社会来说，都将后患无穷。

二、高校教师执业失职行为的产生机理

我们认为，高校教师执业失职行为产生的原因是多方面的，无论是教师的公开性失职行为或是隐蔽性失职行为，既有主观方面的原因，也有客观方面的原因，以下作进一步分析。

1.公开性失职行为的产生机理

作为一名高校教师，为什么会出现教学工作的公开性失职行为呢？我们认为主要原因是：

首先，从主观上看，教师自身的职业道德差，缺乏教师的工作责任感和事业心，没有把教师职业作为终身的事业来追求，对待本职工作采取一种放任自流、得过且过、能混就混的态度。特别是在学校对教师违规、违纪的处罚成本过低、处罚措施不足以抑制这种行为产生的情况下，有的教师明知是教学纪律所不允许的，但是，他宁愿接受处罚，也要冒犯校规和教规。

其次，从客观上看，有的高校教学管理措施不力，检查、监督考核力度不够，被教师钻了制度上的空子；有的是高校政策制定上显失公平，从而产生教师教学工作的抵触情绪，譬如：有的高校从职工名册统计来看，教授、副教授的比例很高，但是真正承担教学任务的高职教师并非如此，其中相当一部分编制被行政、后勤、保卫人员所占有，长期以来高校里有"行政、后勤、保卫教授、副教授"之说。有的领导虽然在大会小会上都在强调学校的一切工作以教学为中心，但实质上没有必要的措施作保证，在教师课时酬金标准的确定上、奖金的发放上以及住房的分配上和行政部门相比，存在严重的脑体倒挂现象，挫伤教师的教学工作积极性、开拓性和创造性，进而在执教过程中出现明知故犯的公开性失职行为。教师公开性失职行为的产生机理我们用图示分析法概括如下，见图2—1。

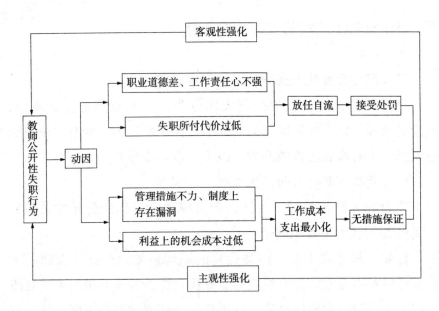

图2—1　高校教师公开性失职行为的产生机理及循环过程

2.隐蔽性失职行为的产生机理

教师教学工作的隐蔽性失职行为具有很多复杂的因素，必须进行具体分析。

首先，从主观上来说，产生隐蔽性失职行为原因：一是教师职业道德水准低下，失去教师的基本原则，好人主义严重，进而出现学生学科考试、考核前对个别学生透露考试、考核内容；阅卷过程对个别学生成绩评定存在营私舞弊行为等现象，有的甚至通过这种方式在学生那里获得好处。如：有的学生在考试前请老师吃喝、送钱物等。二是教师不注重自身素质的提高，忽视自身的知识更新，用有限的时间忙于应付教学事务，用大量的课余时间从事兼职、经商活动，获取额外收入。这种状况被教育专家称为"新时期，大学教师的走穴现象"。随着我国社会主义市场经济体制的确立，就业市场化早已成为人们的普遍共识，一些有能力和条件的教师，不断加入社会兼职、经商行业，特别是大学教师，普遍实行走班制，基本上是上完课，挟上讲稿就走人，兼有第二职业、第三职业的现象大有人在。难怪有的教师说："搞科研、出成果是为了评聘晋升职称，在外兼职才是生活奔小康的根本"。在高校里，特别是年轻教师普遍存在"重兼职、轻科研"的不良现象。应该明确的是，我国社会主义市场经济体制确立后，教师们对经济体制的变革是最敏感的，他们深深懂得市场经济的基本法则是以最小的投入追求最大的产出，因此收益最大化是广大教师普遍的理性选择。[①] 那么在科学技术突飞猛进的今天，教师不求知识更新，不利用有限的时间去扩大自己的知识面，机械地重复多年来讲授的教学内容，俗称"吃老本"现象，其教学成本是最低的，在这种利益机制驱动下，教师的授业失职行为就会不断从可能变为现实。

其次，从客观上来说，产生隐蔽性失职行为的原因：一是教师教学工作缺乏有效的约束机制。从教师的教学工作来看，由于学生和教学检查人员同教师之间存在着严重的信息不对称现象，学生对自己应该学些什么知识，老师传授的知识对今后的工作是否有用，大多都没有清楚的认识。作为教学管理的校方，在日常的教学检查中往往是从表面上查核教师教案、讲义的编写情况；学生作业批改情况；是否按时上下课，教师授课的逻辑思维方法、板书、教态等方面来评判教师教学工作的好坏。那么在有专家组成的教学评估活动有限的情况下，客观上为教师授业失职行为的产生提供了环境条件。二是多年来学校教师继续教育工作没有受到足够的重视。随着科学技术的飞速发展以及管理科学的倍加重视，现代管理者已越来越重视人力资本的投入和运用，人力素质的提高，除了正规的学校教育外，更多的是利用各种机会推行继续教育。美国是世界上科学技术最发达的国家，科学技术日新月异，使美国很早就认识到了继

续教育的重要性，如今在美国各州，继续教育十分普及。从我国学校的实际情况看，继续教育观念尚未形成普遍共识，长期以来教师存在"重学历教育、轻非学历教育"的倾向，把教师的短期培训等非学历教育排斥在教育之外。特别是1994年1月1日我国《教师法》颁布实施以后，一些学校领导机械地认为，只要教师的学历符合《教师法》规定的教师资格标准，教师的文凭似乎就可以一劳永逸。所以，有的教师在教学岗位上一干就是几年、十几年、几十年，有的教师甚至在教学岗位上一干就干到退休。学校没有为教师提供培训和知识更新的机会，在这样的工作条件下，教师产生授业失职行为在所难免。三是目前考试、考核制度存在明显的缺陷，我国教育体制改革以来，国家强调要从应试教育向素质教育转变，但就目前学校的考试、考核方式来看，基本上实行的是应试教育的考试、考核方式，在大多数学校没有建立试题库的情况下，考试、考核的方式、内容实质上是任课教师说了算，所以这就在客观上为那

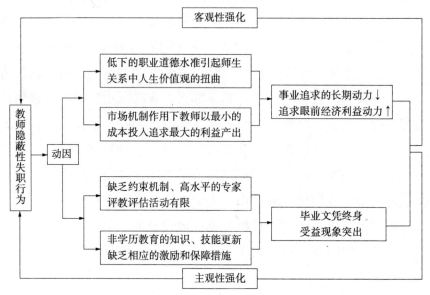

图2—2　高校教师隐蔽性失职行为产生机理的循环过程

些师德败坏的教师进行考前漏题、考后阅卷弄虚作假提供了可乘之机。教师隐蔽性失职行为的产生机理我们用图示分析法概括如下，见图2—2。

三、高校教师执业失职行为的社会危害

在教师教学工作的两种失职行为中，公开性失职行为，一般具有较高的透明度，在教学管理中校方能及时、准确掌握，便于及时予以纠正，因此它对社会的危害性相对较小。而隐蔽性失职行为往往具有很强的隐藏性，有些失职行为，如：教师授业失职现象，因为从学生的培养到社会的就业检验，培养质量如何在客观上存在一个较长的反馈时滞，所以在教学管理中，校方很难确定是非界限，教师在教学工作中是否存在授业失职现象学校很难准确把握，不便于及时纠正，因此它对社会的危害性相对较大。以下作些具体分析：

1. 严重侵犯了教育投资者的利益

随着知识经济社会的到来，家长对子女培养方面的教育投资占家庭可支配收入的比例将逐步提高，特别是随着我国教育体制改革的进一步深化，在中专和大学等非义务教育实行招生并轨、交费上学、自主择业的情况下，教育投资支出将成为普通家庭的沉重负担。与国际水平比较：2000年，一名大学生在校学习期间的费用开支占家庭可支配收入的比例为，美国为10%，日本为15%[①]，澳大利亚为10%[②]，中国超过40%[③]。我国2000年高校生均学费占人均GDP的比例（有专家定义为学费指数）为43.6，远高于美国的同

---

① 胡建华：《对高校收费标准的思考》，《中国高等教育评价》2001年第1期，第25页。

② 章达友：《人均可支配收入是制订高校收费标准的主要依据》，《教育与经济》2000年第4期，第53页。

③ 李从林：《大学生贫困成因的制度经济学思考》，《教育与经济》2002年第1期，第32页。

期水平①。因此，我国教育投资支出对普通家庭来说都是一笔不小的开支。家长培养子女的初衷是要求学校全面达到塑造人、造就人、创新人的目的，要求教师不仅要教书，而且要育人，不仅要传授知识，而且要培养学生的创新能力。真正做到言传身教，培养出能够适应未来社会需要的人才，然而教师的失职行为，必然会导致人才培养掺假的结果，无疑扩大了教育投资者的机会成本，使教育投资者的良好期望化为泡影，增加了教育投资的风险因素。

2. 严重侵犯了学生受到良好教育的权利

必须明确学生在中专或大学学习期间，是从幼稚走向成熟、从青年走向成年的关键时期，他们不仅要学习和掌握毕业文凭应有的专业知识，而且也要学会如何做人，教师的失职行为必然侵犯了学生受到良好教育的权利。从教师的公开性失职行为来看，教师无组织纪律的工作作风，对学生产生潜移默化的作用，容易使学生走向社会后出现纪律松弛、工作懒散、我行我素等不良行为。从教师的隐蔽性失职行为来看，教师教学工作中的营私舞弊行为，必然打击学生真才实学的积极性，破坏了公平竞争，把学生引向"搞关系、铤而走险、寻找枪手、弄虚作假"等斜路。教师教学工作中的授业失职现象，是对学生的一种隐蔽性欺骗，因为对学生来说，求学本身是一种人力资本的投入，其所希望的产出便是学到有用的知识，以有利于日后的工作。人力资本的投入，同样要追求经济效益，学生进入中专或高校学习，不仅要投入大量的资金，而且要占用很长的时间，这些总投入对学生来说是一笔很大的成本，当学生在校期间没有受到良好的教育，这笔成本就得不到应有的回报，这不仅是资源的极大浪费，而且也是对学生的最大欺骗。

---

① 李福华：《中美高等学校经费来源结构比较分析》，《教育与经济》2002年第1期，第61页。

3. 造成国家教育资源的严重浪费

无论我国的教育体制如何改革，国家的教育投入都将占有主导地位，从经济学意义上说，任何投资行为都要寻求相应的投资回报，国家的教育投资也是如此。然而，教师的失职行为，必然破坏国家人才培养的真实性，由于学校办学质量把关不严，毕业生中"水货太多"，造成我国人才培养中"有文凭无水平"的不良现象。从我国目前的实际情况看，大、中专毕业生和具有专业技术职称的人员总量令人十分乐观，但真正能适应社会需要的人才为数不多。如：有的学生花上几万元，学了几年计算机，也拿到了相应的文凭，可是到了实际工作岗位后，竟然得到的是最起码的计算机操作程序都不会的悲惨结果。就当前来说，我国"知识失业"现象相当严重，相当一部分大、中专毕业生找不到工作，就业形势一年比一年严峻。这难道是我国的人才培养过剩了吗？我们的回答是否定的，我们面临的不只是人才数量问题，更为重要的是人才质量问题。这种状况也与教师教学工作的失职行为，特别是授业失职行为导致的人才培养质量下降有密切的关系，对国家来说是一笔极大的教育资源浪费。

4. 教师失职行为下的人才培养，将严重制约我国的国际竞争力

21 世纪，如何增加人才数量和提高人才培养质量，为国家的发展、强大提供有力的智力支持，创造国民经济稳定、协调、可持续发展的动力是我国教育界面临的新课题。据有关资料报道，我国同世界所有国家一样，面临着人才短缺和全球性的人才饥荒，但是从人才总量上看，我国与欧、美、日、俄等国相比差距并不太远，但是，我国在人才质量上与发达国家相比，有很大的差距。中国科技部的统计信息显示，以体现一个国家科技竞争力是否强大的一个最重要指标之一是科技人力资源，我国科技人力资源总量约为3500 万人，居世界第二位，是名副其实的人力资源大国。但是相

比世界发达国家，高端科技人才偏少。根据《中国科技统计年鉴》
（2005年）的统计，2003年，我国每万人劳动力中全时当量研发人
员只有15人，而日本为132人、法国为127人、德国为122人、
韩国为81人。[①]

除此之外，世界级科学家和科技领军人才仍然缺乏，根据国
家科学论文检索，1993—2003年，各学科世界前20篇最重要的论
文中，没有中国科学家的论文，前100篇中仅有2篇，前1000篇
中仅有14篇。在158个国家一级学科组织及其1566个主要二级
学科组织中，参与领导层的我国科学家为206人，仅占总人数的
2.26%。其中在一级学科组织中担任主席的仅1人，占0.4%；二级
学科组织中担任主席的仅14人，占1.1%。[②] 因此，我们面临着人
才数量和质量的双重难题。我们认为，目前我国大、中专毕业生就
业困难，产生"知识失业"现象，固然与我国部分用人单位盲目的
"人才高消费"及经济结构的调整，教育结构不均衡（区域结构、
层次结构、学科结构、专业结构等）有关，但也与教师教学工作的
失职行为，特别是授业失职行为导致的人才培养质量下降密切相
关。这种状况如果不引起我们的高度重视，必将使我国的教育体制
改革滑入一个难以自拔的陷阱，最终制约我国21世纪可持续发展
的后劲。

四、避免和杜绝高校教师执业失职行为的基本方略

从以上分析，我们不难看出，教师失职行为的存在，必将动
摇我国教育事业发展的基石和影响未来人才的培养大业。因此，必
须采取相应的对策措施加以遏制。

---

① 徐冠华：《谈中国科技竞争力》，新华网2010年3月6日电。
② 徐冠华：《谈中国科技竞争力》，新华网2010年3月6日电。

1. 重视师德建设，加大学校显性教学管理制度的执行力度，杜绝教师公开性失职行为产生的土壤

从学校教学管理的角度看：一是要处理好教学与行政后勤的相互关系，从制度、政策的制定上真正保证以教学为中心，消除教师的抵触情绪；二是制定严密可行的教学管理制度，推行教师《教分制》，对教师的教学、科研工作实行全方位的量化指标管理，规范教师的工作行为，从制度上铲除教师公开性失职行为的产生根源。

2. 改革学生考试、考核制度，建立新型的教考分离管理机制

各校要努力创造条件，通过电脑网络逐步建立、健全学校试题库，并根据三新要求（新知识、新业务、新技能）及时加以完善，全面推行试题库考试制度，杜绝教师教学工作中的营私舞弊等弄虚作假行为，为学生创造一个真才实学、公平竞争的学习环境。

3. 建立有效教学管理的激励约束机制，改进教学检查和教学评估方法

一是要充实教学管理队伍，学校要想尽一切办法把那些懂行的教师调整到教学管理部门，对教师的教学工作实施有效的监管和调控。二是改变教学质量的检查和评估方法，除了加大对显性教学管理制度的执行力度外，要更加注意隐性教学内容的完善，重点考核教师传授知识的现实性、新颖性和实用性。三是建立有限的教师授业失职行为的赔偿制度，从经济学意义上讲，求学是一种投资行为，既然是投资就要有相应的回报，如果学生毕业后找到的工作岗位专业对口，但又不能适应工作需要的，实质上是学校对受教育者的一种侵权行为，学校有责任和义务对受害者采取补救措施或进行经济赔偿。特别是在教育者、受教育者和用人单位之间信息不对称的情况下必须建立人才供给方与需求方之间有效的信息反馈系统，通过加大信息反馈力度解决人才供给与需求错位的矛盾。对那些确因校方原因导致的"知识失业"者，学校可采取免费"回炉式教

育"或适当的经济赔偿方式，依法确立教育者和被教育者之间的平等地位。

4. 努力创造条件，积极推进学校师资队伍建设的继续教育工程

推行教师"终身教育"是教师与学生、学校与社会实现"双赢"的必由之路。俗话说："要使学生有一杯水，教师必须先有一桶水。"我们认为，在科学技术日新月异的今天，教师的这一桶水不是一成不变的，必须随时进行更换，这就要求教师必须进行终身学习，时时更新知识，不断扩大自己的知识面，掌握新兴的科学知识，把现代化教学手段运用于教学工作中，只有这样才能培养出适应未来社会需要的专业人才。著名学者歌德早在 1809 年就说过："今后没有任何一样东西能够学习而终生使用。我们必须每五年学习新知，才不被时间所淘汰。"在近两个世纪前，歌德就告知我们知识更新的周期。那么在知识大爆炸的今天，知识更新的周期无疑更为短暂，特别是人类文明由"纸张文化"向"信息文化"转变的新形势下，作为培养人才的教师，稍有疏忽，就无法跟上时代的步伐。曾经称雄于世的美国微软公司总裁比尔·盖茨 1997 年接受记者采访时说："微软公司在短短几年就取得如此显赫的业绩，其中拥有优良的人力资源是获胜的基础，而全面推行员工的继续教育和职业培训才是获胜的重要手段。"这些生动的例子都充分说明当今社会继续教育的重要性。因此，我们认为，从我国学校师资队伍的现实状况看，仅凭单一的学历教育不能适应新的形势，必须转变观念，强化终身教育意识，建立"学历教育"和"非学历教育"相结合的"双管"教育制度，设立继续教育基金，全面推进学校师资队伍建设的继续教育工程，从客观上为教师杜绝和避免授业失职行为创造条件。

5. 建立严格的教师社会兼职管理制度，从严控制教师的社会兼职行为

笔者认为，教师的社会兼职活动本身是一种社会实践活动，

因此，有目的的社会实践对提高教师自身素质和保证教学质量是有好处的，但是任何社会实践是有限度的，超过限度必然走向事物的反面。就目前各校教师的社会兼职行为来说，大多数是以赢利为目的的市场行为，并非是提高自身素质的初衷。有的教师为了经商赚钱，往往对教学工作采取敷衍了事的非规范行为，有的教师随意调课、缺课，有的教师只顾教书，不顾育人；下课走人，学生有问题无法找到人等。这些现象不排除，哪怕是我们的继续教育工程搞得再好，教师教学工作的授业失职行为也难以避免。

研究总结

　　笔者认为，高校教师执业行为是一个非常活跃的因素，高校教师执业水平的高低取决于学校的软、硬环境建设，硬环境（制度建设）决定了高校教师执业过程中的规范程度，软环境（师德教育）决定了高校教师执业过程中的道德水准。因此，要有效避免高校教师执业失职行为的发生，高等院校管理层必须着眼于软、硬环境建设，双管齐下，把解决问题的措施落到实处。

第三节　新时期我国高校师德建设的着力点

问题评析

　　在新的历史条件下，如何强化高校教师师德教育成为时代赋予我们的新课题。如何找准着力点，是强化高校教师师德教育的关键。笔者认为，在新的历史条件下，树立终身教育意识是强化师德教育的重要基础；培育团队协作精神是强化师德教育的关键要素；建立适应发展需要竞争观念是强化师德教育的必要手段；构建"教师"和"学生"的平等关系是强化师德教育的重要环节；确立以学生为中心的思想意识是强化师德教育的重要内容；增强社会效益和经济效益的双重绩效观念是强化师德教育的重要延伸。

中国共产党十四届六中全会通过了《中共中央关于加强社会主义精神文明建设若干重要问题的决议》，江泽民同志在世纪之交的关键时刻提出了以德治国的基本方略。2001年中共中央印发了《公民道德建设实施纲要》，明确指出了加强社会主义道德建设的重要性、艰巨性和紧迫性，提出了公民道德建设的指导思想、方针原则和主要内容，是新时期加强公民道德建设的纲领性文件，是贯彻落实江泽民同志提出的依法治国同以德治国相结合重要思想的重大举措。

《公民道德建设实施纲要》指出：社会公德、职业道德、家庭美德是社会主义大力建设的着力点。高校是高素质人才的"加工厂"，教师这一职业与人的成长息息相关。所以加强教师的师德建设、提高他们的道德情操、规范他们的师德行为、提高他们的教学水平，对促进我国高等教育的健康发展，确保国家建设后继有人具有十分重要的现实意义。

随着我国市场经济体制的完善以及加入WTO的现实，高等教育将逐步对外开放，高校教师不仅要学习国外先进的科学文化知识，借鉴国外的一切文明成果；而且要防止国外腐朽思想对学生的侵蚀。因此教师的师德教育不能仅仅局限于师德规范教育，应跟随社会的发展，抓住教师的思想变化，找准切入点、着力点，使广大教师懂得师德的好坏与人的成长密切相关、与高校的兴衰和个人的工作保障密切相关的深层内涵。因此，我们认为师德教育不再是高校理论上的思维定势，而是实实在在的行动要求。在此就新时期我国高校师德建设的着力点谈谈自己的认识和看法。

一、树立终身教育意识：强化高校师德建设的重要基础

"终身教育"的概念早于 1956 年第一次出现在法国议会的立法文件里，并阐明了终身教育的时代意义。1965 年，联合国教科文组织（ISO）成人教育局局长保罗·郎格朗提出了"终身教育"的理念，他认为"终身教育所意味的并不是指一个具体的实体，而是泛指的某种思想和原则。"教育应该是人"从生到死"整个生涯中的继续过程，同时，应把教育的发展同社会的发展统一规划，在终身教育体制的发展中逐步建立一个"学习的社会"，从而系统地提出终身教育的理论。在知识经济时代所表现出的一个重要特征是：知识爆炸、理论创新、科学技术日新月异，知识更新的频率加快，周期越来越短。因此，高校教师不可能仅靠青壮年时期在大学里学士、硕士、博士阶段获得的知识享用终身，因为在此期间获得的知识仅占在他一生中所用知识的 20%—30%。据联合国 ISO 统计，人类 30 年前，几千年所积累的知识只占 10%，而近 30 年来所积累的知识占人类积累知识总量的 90%。英国技术预测专家詹姆斯·马丁的测算结果也证实了同样的趋势：人类的知识在 19 世纪是每 50 年翻一番，20 世纪初是每 10 年翻一番，20 世纪 70 年代是每 5 年翻一番，而近 10 年来是每 3 年翻一番。国外的研究表明：在农业经济时代，人们在 7—14 岁接受的教育所获的知识就足以应付以后 40 年的工作、生活之需；在工业经济时代，人们在 5—22 岁接受的教育所获的知识可以应付终身工作和生活的需要；而在知识经济时

代，人们只有终身学习，才能满足人生的工作和生活需要，只有不断更新知识，才能跟上时代的步伐。因此，在信息大爆炸的知识经济时代，高校教师如果用原有的知识则无法适应现代大学生素质和能力培养的需要，要跟上信息社会发展的进程，每个教师都必须进行终身学习。从社会分工的角度看，高校教师处于"人力资源"开发的前沿阵地，他们承担着培养高、尖端科学技术人才和培养国家栋梁之才的历史重任，从这个意义上说，高校教师的终身教育在社会教育体系中占有更加突出的地位。有一位教育专家提出了一个非常严峻的话题："如果一个大学教师，不进行自身学习、不进行知识更新，不从事科学研究，一心只想教书的话，那么他最终没有书教，只有被迫下课"，这就是时代对高校教师的挑战。近年来，人们对终身教育的理解有些片面，认为"终身教育"就是提高学历层次、进行专业深造，这仅仅是终身教育的一个方面，终身教育是一个广义概念，学习、提高、进步是终身教育的全部内涵，教育是多方面的，如：家庭教育、学校教育、社会教育等，一个学术报告能使人豁然开朗，一个学习培训能使人提高，读书看报能使人受益，这些都是终身教育的有机组成部分。中国流传着一句话"活到老、学到老"，这是前辈们对终身教育的真实理解。

逆水行舟，不进则退。一名高校教师更是如此，如果你不学习新的东西，没有新的知识和技能，就将被社会无情地淘汰。因此，高校必须引导教师树立终身教育意识，不断的进取精神是师德教育的重要基点。

二、培育团队协作精神：强化高校师德建设的关键要素

随着科学技术的发展和应用，对高校人才的培养提出了更高的要求，现代人才的培养已经不是"粉笔＋黑板＋三尺讲台"的年代，一个科研项目也不是凭个人几天的"爬格子"工夫就能完成的。特别是现代化进程的加快，高精尖的现代化教学设施越来越多，分科越来越细，面对"宽口径、后基础"的人才培养要求，一个综合人才培养方案的实施，一个专业的课程改革和推进等等，都不是凭一个人的力量就能完成的。一个人的精力和能力是有限的，你不可能样样精通，即是你有这个能力，时间也不允许。因为对学生来说，学习的时间是有限的。况且一所高校的办学水平、办学能力和整体实力需要各部门、各教师的密切协作、相互配合，才能发挥出整体优势。在管理学中有一个"二八开"定理，运用的领域非常广泛，在高等教育领域也不例外，过去一所知名的大学主要就是靠几个大师或几个知名教授支撑，过去可以，但是在科学技术日新月异的今天，"二八开"定理的个人英雄主义有些过时，一所高校要在激烈的竞争中获得优势，不仅需要更多的大师和知名教授，而且还需要整体的发展；我们不仅需要培育协作和团队精神，更需要发挥团队的整体优势。世界上牛津、剑桥、哈佛、耶鲁等著名学府的发展历史也充分证明了这一点。因此，培育团队协作精神、发挥整体优势是新时期高校师德教育的关键要素。

三、培育适应发展需要竞争观念：强化高校师德建设的必要手段

　　竞争是市场经济的基本特征，特别是我国加入 WTO 后，标志着我国社会各领域的竞争已经开始，经济存在竞争、企业存在竞争、部门存在竞争、高校存在竞争、内部存在竞争……可以说竞争无处不在，无时不有。问题是我们以什么样的姿态来面对竞争。目前高校有一部分教师对竞争的概念认识不清，对竞争的内涵把握不准，有的甚至对竞争非常反感。譬如：教师公开竞聘、竞争上岗、挂牌上课，学生评教系统的建立和完善等，有的认为竞争就是拼个你死我活；有的埋怨政府和学校，认为是政府和学校同知识分子过

不去；更有人认为竞争成为拉大分配不公的合法手段等等。这些都充分暴露了高校师德教育的薄弱点。作者个人认为，作为一所高校的管理者，必须教育和帮助教师树立适应社会发展需要的竞争意识，树立科学的发展观，提高竞争本领。一是要带领教师强化业务学习，正确面对竞争的挑战，要让广大教师明确，竞争首先是挑战自我，是实现自我、超越自我的重要前提。没有自我的发展就不可能获得整体竞争力的增强。二是要帮助广大教师学好本领，练好内功，积蓄力量，增强教师对社会发展的适应性。三是要在高校开创竞争氛围，从单一竞争到综合竞争、从小范围竞争到大范围竞争、从校内竞争到校外竞争，提高广大教师的竞争意识和竞争技能，使他们充分认识到竞争的生命意义，学会竞争、利用竞争、参与竞争，发挥自身的竞争优势，最终打造出高校的核心竞争力。

四、建立"教师"和"学生"的平等关系：强化高校师德建设的重要环节

随着我国高等教育管理体制改革的不断深入，学生的参与意识不断增强，教书育人、服务育人、管理育人、环境育人、氛围育人的意识必须进一步强化。学生不仅希望了解自己、认识自我，更希望了解别人。因此，作为一名高校教师要有"教"、"学"平等观念。教育专家曾经指出："教师不忘童年梦，常与学生心连心"；"教师教我不容易，当把教诲伴终身"这两句话深刻揭示了"教"、"学"平等的丰富内涵。因此教师应把学生当成朋友，让学生清楚自己的状况，明确自身的优势和劣势。鼓励学生寻求符合自身实际的学习方法，要使学生发挥优势，克服劣势，明确努力方向。教师一方面是传授知识，另一方面是教会学生掌握学习的方法。只有把学生当朋友，才能实现"教"、"学"沟通→"教"、"学"知

心→"教"、"学"相长，才能使学生拥有战胜困难的信心。他们有问题和困难才会想到你，才敢找你，才敢和你说知心话。因此，平等待"学"是师德规范的基本要求，是学生的愿望，是高校可持续发展的坚实基础。

五、形成以学生为中心的思想意识：强化高校师德建设的重要内容

就目前的情况看，我国高等教育的供求矛盾还比较突出，整个高等教育市场仍然是"卖方市场、校方市场"，但是随着改革的深入、对外开放的扩大和我国《民办教育促进法》的实施，卖方市场的格局将不复存在，未来的高等教育市场将是"买方市场、学方市场"，高等教育办学水平的竞争将更加激烈。因此，高校要生存和发展，就必须顺应社会发展的要求，了解市场的发展动态，掌握社会对人才培养的需求，把握学生的求学愿望。作为高校教师，首先要深入社会各阶层，了解社会现在需要什么？将来需要什么？发展趋势如何变化？市场前景如何等等，做到心中有数、脑里有谱。同时进行适应社会需求的自我调适，加强理论知识的学习和业务技能的训练，提高学识水平，把握发展动态，积极传播新知识、新业务、新技能，使自己适应高等教育发展的需要。其次是树立以人为本的管理思想，形成以学生为中心的执教理念，做到想学生所想、急学生所急，把"一切为学生、为学生一切、为一切学生"的思想贯穿于对学生的整个培养过程。在教学活动中多一份关爱、多一份真情，真正让学生高兴求学进校园，满意而归闯社会。

六、增强社会效益和经济效益的双重绩效观念：强化高校师德建设的重要延伸

就教育行业来说，任何一所学校均存在社会效益和经济效益的双重评判问题，社会效益主要表现为学校对社会的贡献程度、对国民素质提高的推动力。经济效益主要表现为学校办学的经费来源，是学校从社会各渠道获得教育资源能力的重要体现。双重绩效观念对高校的可持续性发展来说非常重要。原因是在我国教育经费普遍吃紧的情况下，政府不可能全额提供高校办学和发展的经费需求，特别是国家教育投资重点向基础教育倾斜的情况下，高校的办学经费缺口将有进一步扩大的趋势，在特定的历史条件下，高校要发展，必须多渠道筹措办学经费，走教育投资多元化的道路。要实现这一目标，必须增强社会效益和经济效益的双重绩效观念，社会效益的表现状况是经济效益的重要基础。高校只有适应社会发展的需要，不断提高对社会的贡献程度，才能获得充足的教育资源和良好的生源，得到丰裕的办学经费，反过来促进高等教育的可持续性发展。所以这些都必须通过广大高校教师的努力，不断提高教学质量和人才培养水平，提高社会的认可度和知名度来维系。因此，社会效益和经济效益的双重绩效观念，不可置疑地成为新时期强化高校教师师德教育的重要延伸。

研究总结

笔者认为，树立终身教育意识是强化高校师德教育的重要基础；培育团队协作精神是强化高校师德教育的关键要素；培育适应发展需要竞争观念是强化高校师德教育的必要手段；建立师生平等关系是强化高校师德教育的重要环节；形成以学生为中心的思想意识是强化高校师德教育的重要内容；强化双重绩效观念是强化高校师德教育的重要延伸。这就是新时期强化我国高校师德建设的着力点。

第四节　大学班主任工作中的人文精神

问题评析

人文精神是一个广博的概念，它是一个群体在不同时期政治态度、精神风貌、思想情操和道德水准等多方面的集中表现，它具有广博性、科学性、公共性、道德性、教育性、共同性与差异性、稳定性和变异性等多方面的特点。在不同的时期、不同的领域所表现的人文精神有所不同。大学班主任工作的人文精神主要表现在：构建有利于学生人格发展的班级文化；真正树立"以人为本"的管理理念；确立"教"、"学"平等思想观念。

近年来，有关"人文话题"引起了社会各界的关注，特别是在管理行业，把人文精神运用于管理的各个环节，贯穿于管理的全过程，已成为一种普遍现象。因此，把21世纪称为人文关怀时代并不为过。正是人文关怀给社会注入了更多的情感因素，提升了社会组织的文化品位，增强了个人与组织之间的亲和力，也为组织赢得了更大的发展空间。

从大学的班主任工作来看，班主任工作与人文精神有着更为密切的关系，班主任工作是做人的工作，居于人文社会科学领域，其工作实质是拉近老师与学生的距离，了解和把握学生的真实思想，帮助学生解决困难，培育学生"我为人人，人人为我"的思想意识，创造一个亲切、温馨、便利的空间，营造一个文明有序、管理有章、团结向上、勤奋好学的班风、校风和学风。因此，人文精神的运用和发挥对大学班主任工作具有重要的时代意义。

一、大学班主任工作人文精神的实质和内涵

自从班主任诞生之日起，班主任工作就与学生的成长和培养目标的实现息息相关，它自始至终关注的焦点是学生完整人格的形成和发展、知识技能的增长和提高以学生自身的发展和进步。这其中贯穿的就是班主任工作中所应该具备的人文精神。

人文主义具有三个鲜明的特点：一是人文主义的焦点集中在人的身上，是从人的经验开始的。它与把人看做神的秩序的神学观点和把人看做是自然秩序的科学观点不同。二是人文主义突出强调，每个人都是有人生价值的或者说是有尊严的，其他一切价值的根源和人权的根源都来自于对人生价值的尊重。三是人文主义始终关注人的思想的变化，在人类社会发展中，正是这种思想促进了人类文明的发展和进步。大学班主任工作成为学生发展和完善自我、发掘自我价值、培养学生优秀品格的桥梁和纽带，成为人文主义者大力提倡的学生教育的重要组成部分。然而，具体到班主任的工作和实践，不能简单地把人文主义与班主任工作的人文精神画上等号。因为，班主任工作的人文精神，不仅来自于人文主义、来自于社会、学校、家庭等多个方面，是在人文主义基础上的发扬、改进、创新、充实和内容表现的具体化。因此，我们认为，大学班主任工作的人文精神应包括以下内涵：

1. 强烈的民族自尊、自信和自强精神

民族精神是一个民族长盛不衰的强大精神支柱。一个没有民族精神的民族必将在社会发展的历史进程中消失和毁灭。只有拥有"自强不息，奋斗不止"的民族才能屹立于世界民族之林。

2. 强烈的自爱、自豪和牺牲精神

任何民族都有自身的优势和劣势，只有拥有强烈的自爱、自

豪和牺牲精神，发挥自身优势，正视自身劣势，去人之长，补己之短，才能获得发展优势。

3. 大胆的吸收、探索、改革与创新精神

改革是发展的基础和前提，创新是一个民族进步的灵魂，是一个国家兴旺发达的不竭动力，只有改革才能发展，只有创新才能进步。当今的世界是个多元的世界，当今的文化是个多维的文化。我们既要充分重视西方腐朽思想的严重危害性，也要正视西方国家发达的科学、文化知识和先进的管理思想，既要抵制腐朽的思想，又要吸取借鉴别人优秀的文化、科技成果。大胆地吸收、探索、改革与创新，才能加快自身的发展。

二、大学班主任工作人文精神的实践

人文精神是一个广博的概念，它是一个群体在不同时期政治态度、精神风貌、思想情操和道德水准等多方面的集中表现，它具有广博性、科学性、公共性、道德性、教育性、共同性与差异性、稳定性和变异性等多方面的特点。在不同的时期、不同的领域所表现的人文精神有所不同。我们认为，大学班主任工作的人文精神主要表现在以下几个方面：

1. 构建有利于学生人格发展的班级文化

一个群体为什么能够吸引它的成员，一个群体为什么会产生凝聚力？原因在于这个群体有一种"取之不尽、用之不竭"的共享资源——文化。作为大学的一个班级，必须创造这种资源，才能促进学生人格的发展。美国著名的人类学家 M.E. 斯皮罗认为，"文化"是一种认知系统，是被纳入相互连接的有较高秩序的网络和结构中关于自然、人和社会的"命题"。他在分析中认为，文化内涵具有四个特点：一是文化的认知性。它是一个认知系统，通过这个系统，人们可以获得关于自然、人类和社会的知识。二是文化的整体性。文化是一个高秩序的网络结构，是一个有机的整体。三是文化的可接受性，文化通过人的大脑可被人们所认识和接受。四是文化的规范性。人们通过对文化的认识和理解，可以规范自己的行为。M.E.斯皮罗认为，从文化的作用过程来看，遵循以下过渡环节：整体文化→集团文化→群体文化→个人文化。作者认为："社会的存在取决于它的社会系统的运行；社会系统是由子系统组成的，而子系统是由制度组成的，只有组成这些制度的角色得到执行时，这些制度的功能才能实现。"

文化与大学生人格的发展之间存在着某种对应的关系。什么是人格？心理学家认为，人格即个性。是指一个人所具有的各项比较重要的和相当持久的心理特征的总和。人格是在个人生理的基础上，受到家庭、学校教育和社会环境的影响逐步形成和发展的。人到了成人阶段，人格具有相对的稳定性和同一性。因此，在高等教育阶段对大学生人格的发展具有关键性的作用。首先，人格的形成离不开特定的环境，而学校正好提供了一个专门的环境，特别是班级，它把个人的行为、思想和情感的实现聚合在特定人文情景中。其次，学生气质、能力、兴趣和性格的形成和发展离不开班级文化这个特定的认知系统，通过这个系统使他们在个人发展中对文化、知识、技能有所把握和内化。因此，构建班级文化为大学生提供了得天独厚的不可替代的文化资源。重视班级文化建设，充分利用班级文化资源，是现代大学发展学生人格的必然要求。

2.真正树立"以人为本"的管理理念

进入21世纪，中国政府确立了"人力资源是第一资源"的指导思想，更加重视高等教育在促进经济和社会发展中的重要作用。为更好地发挥科技和教育在推动中国现代化进程中的基础性、全局性和先导性的作用，中国政府确立了"科教兴国"的战略，进一步加大了对教育的投入，加快了教育改革与发展的步伐，力求使之与

21 世纪中国经济和社会的发展趋势相适应。在高等教育方面，中国高等教育正在经历着自诞生以来最为深刻的变革，面临着历史上最好的发展机遇。中国大学教育发展史上最辉煌的篇章，都是学术思想活跃、个性得以张扬的大学人谱写的。大学精神是大学的终极关怀，是对人的价值、个性和尊严的最深层次的关注与关爱，这是大学的理想。大学的"与众不同"就在于超功利地对大学精神理想的追求。在这样的大学生活世界当中使学生学会了一整套学会学习的方法，思考的习惯，关心人类命运、关注人类问题的向上的精神，增强了他们的社会责任感，激发了他们的潜能和创造的激情。

因此，在大学的班主任工作中，以人为本就是以学生为本，必须明确班主任的一切工作都是围绕着学生的需要而展开的。要做好这项工作，必须尊重学生、了解学生、设身处地地为学生着想。做到"脸上有笑容、眼中有关爱、口中有文明、脑中有创新、心中有蓝图"。这些理念说起来容易，但是在具体工作中，做起来往往会大打折扣。解决问题的关键是班主任要学会换位思考，从学生的利益和需要出发，确定一套明确的班主任工作思路，把握学生在想什么、需要什么、有什么困难，我们应该做什么，怎样做？形成以学生为中心的管理理念，做到想学生所想、急学生所急，把"一切为学生、为学生一切、为一切学生"的思想贯穿于班主任工作的全过程，使人文精神成为班主任工作的行为准则和自觉行动。

3. 确立"教"、"学"平等思想观念

随着我国高等教育管理体制改革的不断深入，学生的参与意识不断增强，教书育人、服务育人、管理育人、环境育人、氛围育人的意识必须进一步强化。学生不仅希望了解自己、认识自我，更希望了解别人。因此，作为一名大学的班主任要有"教"、"学"

平等观念指导学生全面认识自我、了解自我，为学生创造认识了解他人的机会，是大学班主任应尽的职责。

三、人文精神在大学班主任工作中的价值

1. 在班主任工作中发扬人文精神是促进学生的发展和进步的客观需要

大学班主任是高等教育发展的产物。随着社会发展进步和人的自我意识的显著提高，人类社会的进化观已经从致力于物的发展，以物为中心逐步过渡到以人为中心，突出强调人的发展是经济和社会发展的基础和动力。从这个角度来说，高等教育的现代化是以人的现代化为首要条件的，高等教育的发展应以提高学生的认识和实践能力为目标，以学生的成长进步为根本体现，班主任工作成为实现这一目标的重要基础。在社会进化观的指导下，西方传统的人文主义精神重新为人们所理解和重视，在重视技术发展的同时，人的自身价值受到越来越多的关注和重视，人文主义的核心就在于此。

2. 在班主任工作中发扬人文精神是现代高校班主任工作实现自身价值的客观需求

高校班主任工作的价值取向始终是提高学生的科学文化水平和思想道德素养为己任，推动班级的文明和进步，达到教学计划规定的培养要求是班主任工作追求的目标。班主任把学生根本价值的实现作为自身工作价值的源泉和基础，离开学生价值，班主任工作价值无从谈起。班主任工作的价值观充分体现了人文精神和人文传统，人文精神正是班主任工作价值观的核心。无论高等教育如何发展，管理方式和技术手段发展到何等先进程度，只要班主任工作的价值观保持不变，人文精神就不会消失。

3. 在班主任工作中发扬人文精神是现代高校实现社会职能和维护社会地位的必要手段

长期以来，高校承担着教育人、培养人、塑造人、发展人的重要社会职能，实现这些社会职能，不仅需要国家的政策导向和财力的支援，而且需要学校教职工热爱高等教育事业，努力工作，更需要大学班主任无私奉献的人文精神，能够不断自觉地探索、改进学生的管理方式、提高管理水平，培育和造就学生的"自学、自律、自新、自强"意识，适应社会发展的需要。高校的社会职能是随着社会的发展而变化的，但是不管怎么变化，高校教育人、培养人、塑造人、发展人的传统职能不会改变，只不过是这种职能将在科技进步中得到进一步强化，这些观点仍然与传统的人文精神密切相关。

研究总结

在新的历史条件下，高等教育改革和发展把学生能否得到全方位的个性化发展摆到了更加突出的重要位置，根据社会的发展和对高校专业人才培养需求的变化，高校的教学计划和培养方案必将随时代的发展作相应的调整，随着社会主义市场经济体制的不断完善，"定单培养模式"将成为高等教育改革和发展的新起点。因此对教师的素质和职业道德要求更加提高，对班主任管理难度进一步加大，但是具有浓厚的人文传统管理和"以人为本"的管理思想，始终是搞好大学班主任工作的重要基础。

第三章　教师素质

——社会制度变迁中的现实问题

第一节　知识创新呼唤高校创新教育

问题评析

> 知识经济是信息时代所表现出的重要经济形态，以崭新的教育观念为理念的创新教育是知识经济发展的必然要求，也是 21 世纪高校生存与发展的关键。

21 世纪，我们已进入了一个日新月异的知识经济时代，与 18 世纪前的农业经济时代和 20 世纪的工业时代相比，科学知识创新的速度是前所未有的。从科学研究到技术开发的周期 18 世纪以前大约需要 100 年，19 世纪为 50 年，到 20 世纪初至 20 世纪中叶大致为 10 年，20 世纪下半叶缩短为 5 年左右。有资料显示多媒体电脑从设想到产品仅用了 4 年，计算机产品更新换代所用的时间仅需半年。知识和技术的创新需要具有创新意识和能力的人才，知识经济社会对创新型人才的培养提出了前所未有的迫切要求，以培养具有创新精神和实践能力的高级专门人才为己任的高校，面对知识创新所带来的机遇与挑战，肩负着开展创新教育的神圣使命。创新教育是知识经济时代高等教育的核心，是 21 世纪我国高校生存发展的关键。江泽民总书记也指出"创新是一个民族进步的灵魂，是国家兴旺发达的不竭动力，一个国家创造力的大小在于国民的创造素质，国民创造素质的具备多半在教育"。当我们站在这样的高度去观察、去理解创新的时候，我们对知识创新呼唤创新教育确有一种紧迫感，使命感。

一、创新、知识创新、创新教育的涵义

所谓创新，因其应用的不同领域和范围，有人将它归纳为几种不同的概念：第一，"创新"是指一种精神；第二，"创新"是指人的创造能力；第三，"创新"是指对科学发现、发明、创造、技术革新等科学技术创造成果的一种泛称；第四，"创新"专门指西方经济学中的"创新理论"，在这里我们指的"创新"应该表述为人们为了发展的需要，运用已知信息，不断突破常规，产生新的思想发现或产生某种有价值的新事物。创新的核心在于新，创新的本质在于突破，创新的基础在于掌握已有知识和信息，创新的目的在于推动经济与社会的发展。

知识创新的涵义是指通过科学研究，包括基础研究和应用研究，获得新的基础科学和技术科学知识的过程。知识创新的目的是追求新发现、探索新规律，创立新方法、积累新知识。这是中国科学院对"知识创新"阐释的最新概念。

何谓创新教育，目前说法不一，尚未形成统一的意见。从最近的资料来看，笔者认为创新教育应该是使整个教育过程被赋予创新的特征，并以此为基础，达到培养创新人才和实现人的全面发展的目的的教育。具体来说，创新教育是一种新的教育理念，一种新的改革指导思想，它随着素质教育的深化和创新问题研究的不断深入，由专家和群体共同创造的一种新型教育模式，最终目标是培养创造型人才。它是相对于传统教育的一种高层次的素质教育，它不

仅仅是教育方法的改革和教育内容上的创新，而是教育功能上的重新定位，是全面性、结构性的教育革新和教育发展的价值追求。

二、知识创新需要高校创新教育

21世纪是一个以知识创新为途径，以网络技术为核心的信息时代，这已成为人们的普遍共识。数字化、网络化和信息化不仅影响到人类社会经济生活的各个方面，而且也将推进教育模式的重大变革。

1. 知识创新是知识经济时代的重要特征

知识经济是相对于农业时代和工业时代而言的，以网络化为载体，以知识为基础，以人力资本和技术中的知识为核心的一种经济时代，是建立在知识、信息的生产、分配和使用之上的经济。它具有知识创新、全面的高素质的人才、强大的高新技术产业的特征，其中知识创新是知识经济的重要特征，美国著名的经济学家卡尔·费拉保就称知识经济"是以创新为灵魂的经济"。在我们生活的这个时代，知识总量在迅速扩大，知识更新日益加快，也形成了用于解决人类从未面临过的新问题的新兴的现代科学技术和现代组织方式及教育形式。其过去传统教育也将经历由书本型教育、智能型教育向创新型教育的转变。以崭新的教育观念为理念的创新教育是知识经济发展的必然要求。

2. 传统教育的模式已不适应知识经济发展的需要

长期以来，教育的目的主要在于传递已有的知识经验，传统教育模式注重传授知识，追求"知识积累"与"知识继承"。教师是教学活动的主体，"传道授业解惑"，处于权威主动的地位，学生处于被动的学习地位。每位学生都是在统一的标准、统一的方法、统一的步骤下，接受统一的教学。把学生批量铸造成统一的标准件。传统的教育模式虽有利于教师顺利地传授系统知识，却很难培养学生的创新能力和创造个性。笔者曾看到这样一个资料,有人拿着画了半边月形的图画去问各种不同年龄阶段的人,请他们回答图画上画的是什么?小学生的答案有五六个,中学生的答案还有三四个,大学生的答案就只有一个"月亮",再拿着它去问成人,因怕答错,却竟连答案都没有啦。根据专家调查统计,在传统教育制度下培养的大学生95%不能搞创造发明,甚至连创造发明的意识都没有。传统教育模式在社会变革、知识更新速度缓慢的时期可能较为实用,而在科技信息日新月异、文化变革风起云涌的今天,却已不能适宜了。因此,实施创新教育是知识经济条件下我国高等教育不可回避的现实选择。

3. 大力推进创新教育是知识经济时代对高等教育改革发展的客观要求

知识经济时代,知识与智力资源是第一要素。一个国家国民素质的高低,掌握知识的程度,拥有人才的数量,特别是知识创新能力与技术创新能力,决定着该国在国际上综合国力竞争中的地位。知识经济在资产配置上以智力资源、无形资产为第一要素,而智力资源的本质就是高素质人才,高等教育是我国为社会输送高素质人才的主要形式,高等教育改革发展实施的目标就在于此。我们认为,高等教育的总目标是:把青年学生培养成精神充实、道德完善、学识渊博、智能超群、身体健康、精力充沛的人才,从这一点出发,无论是以"培养数量较多高级专业技术人才"的专科培养目标,还是以"培养各类高级专门人才"的本科培养目标,甚至以"培养各类尖端科技人才"的研究生培养目标来看,都将以培养高素质的智力大军列为国家高等教育的最终目标。在知识经济条件下,要实现我国高等教育的培养目标,必须实施创新教育,着重培养学生的创新思维和创新能力,以适应时代的变化,增强学生学习知识、更新知识的欲望和能力,掌握先进的科学技术知识,并在社会实践中予以深化和提高。因此，推进高校创新教育，培养创新型人才，既是知识经济的本质特点所决定的，也是知识经济时代高校进步职能的重要体现。作为整个教育体系的龙头，高等教育的本质和特点决定了它在知识经济中将扮演越来越重要的角色，它不仅要成为知识和技术创新工程的知识库和思想库，而且还要成为培养创新人才的人才库。所以，无论是现在或将来，都必须把推进创新教育和培养创新型人才作为高等教育改革和发展的中心工作，适应新形势，迎接知识经济时代的各种挑战。

三、高校实施创新教育几点思考

1.高校实施创新教育必须打破传统观念

中国传统文化注重人与社会的协调，偏重"中庸"的思维方式，使得我国的传统教育走入了"应试教育"的轨道，忽略了学生全面素质的培养，束缚了学生个性的发展。不利于时代需要的具有创新精神和实践能力的人才的培养，所以创新教育首先必须更新观念，才能走出"应试教育"的怪圈，走上素质教育的正常轨道。实现真正意义上的创新教育：

第一，转变传统的教师观念，树立人本教育观念。教育的本质就是培养人才，促进人的全面发展。在教育工作，必须转变传统做法，把学生当成"知识的容器、考试的工具和分数的奴隶"。建立一支创新型的教师队伍，是实施创新教育的关键，创新教育要求教师由知识的传授者转变为学生学习活动的指导者、促进者。在教学活动中，应当以学生为主体，教师为主导，教师做导演，学生做演员。要求面对所有学生，发展他们的个体创造性，教师的主导作用主要通过激发学生的积极的思维活动。教学上要采用灵活多样的教学方式，引导学生独立思考，大胆质疑，勤于动手，敢于创新。对"偏才"、"怪才"要创造一个宽松的教育环境。

　　第二，转变学生被动教授知识的传统观念，树立全面发展的质量观念。教育专家普遍认为，学校无差生，只存在有差异的学生，他们都是人才，但不是全才，教师的责任就是扬长避短，使他们都成为人才，使他们具有强烈的创新意识和创新观念。因此创新型学生观应摒弃过去那种学生只能被动接受知识、储备知识、唯师是从的观念，建立教学双重主体之间相互尊重的新型的平等、民主、合作的关系，充分认识学生巨大的创造潜能。

　　第三，转变学生传统的"一锤定音"学习观念，树立终身学习观念。长期以来人们一直认为上大学就是学习的终点，似乎上了大学就什么都能干，进了"保险箱"，一次教育定终身，"在学校充一次电，可以一辈子放电"。在知识更新如此之快的今天，这样的想法已是昨日的田园美梦了。所以，教育工作者，要让学生明白终身学习是人的本质属性，所有的人都树立终身学习的观念，因为终身学习与人的知识更新密切相关，与人的生存发展密切相关，必须在有生之年不断学习。

　　2. 高校实施创新教育必须实现自身的变革与创新

　　长期以来由于我们受传统的封闭式教育和应试教育模式的制约，观念的创新最终要落实到制度层面上，只有这样，创新教育才可能有保证。在权利社会，制度的力量往往比观念的力量更强大。建立起与创新教育相适应的教育教学制度，才能适应时代发展的要求。

　　第一，改革传统的入学方式，建立新型创新教育的管理制度。传统的大学入学，一般采用的是先填报志愿，然后参加全国统一命题，统一时间进行高考。这种教条统一命题考试、统一划分、统一招生的入学方式制约了特殊专长、特殊人才的培养。我们这么大的国家，这么广袤的区域，这么众多的学子，采用如此教条的招生方式，本身就是不合乎客观规律。建议扩大高校自主权，让各校在招生、专业课程设置、学制年限、人事制度等方面有一定自主权，这样既有利于学校的发展，又有利于学生个性的培养。

第二，改革传统考试方式，建立科学创新教育评价体系。以知识再现为主的传统考试已不适应大学生创新能力的培养，可以在高校进行改革。建议推行无标准答案考试、质疑式的面试口试等。应试教育以考试作为唯一评价指标，创新教育则应以能力作为评价的核心，高校应尽快建立全方位的"教师教学质量评价系统"和"学生学习质量评价系统"。

第三，实施高校教师的继续教育工程，提高教师的基本素质。随着科学技术的飞速发展以及管理科学的倍加重视，现代管理者越来越重视人力资本的投入和运用。人力素质的提高，除了正规的学校教育外，更多的是利用各种机会推行继续教育。从我国高校教师的实际情况看，继续教育和终身学习的观念尚未形成，长期以来存在"重学历教育，轻非学历教育"的不良现象，把短期培训、业务提高等非学历教育排斥在教育之外。在新的历史条件下，我们认为，必须强化高校教师的继续教育和终身学习意识，建立学历教育和非学历教育的"双管"教育管理制度。创造条件，设立继续教育基金，全面推进高校教师的继续教育工程。

研究总结

全面推进创新教育，高校教师必须具有创新精神和创造能力。在知识经济条件下，教师的教学模式、教学组织形式、教学工程的时空条件、教学内容、教学手段以及教师角色等都发生了很大的变化。因此，高校在推进教师继续教育工程的具体实施中，应重点培养教师现代教育的网络技术素质。一是内部网络（校园网）的运用，逐步掌握局域网的特点，学会内部网络技术，改革传统的教学方法、教学手段、教学内容，借助网上邻居实现无纸递交作业，实现资源共享。二是掌握国际互联网（Internet）的操作技术，借助查寻引擎捕捉信息，增加教学素材。三是逐步掌握 Web 技术，学会利用 Web 技术制作多媒体课件，实现"讲台＋粉笔＋黑板"等传统教学方式的变革。

第二节　高校教师终身教育的基本思考

问题评析

全民终身教育体系的建立和发展是社会发展到一定阶段的产物。高校教师处于我国人力资源开发、科技文化创新的前沿阵地。全面认识和分析高校教师终身教育的内涵、动因、障碍和对策是全面提高高校教师素质的行动前提。

学习是前进的基础，创新是发展的动力。党的十六大报告明确指出："形成比较完善的现代国民教育体系、科技和文化创新体系……形成全民学习、终身学习的学习型社会，促进人的全面发展。"[①] 它是提高全民族思想道德素质、科学文化素质和健康素质的重要途径。创建"学习型社会"是全面建设小康社会的一个绝对不

---

① 江泽民：《全面建设小康社会，开创中国特色社会主义事业新局面（十六大报告）》，《人民日报》2002 年 11 月 8 日。

可缺少的重要方面，"学习型社会"是更高水平的小康社会的重要特征之一。在全民终身教育体系的构建和发展进程中，高校教师承担着"人力资源开发、科技文化创新"的重要历史责任。因此，高校教师终身教育先行是中国教育改革和社会发展进程中不可回避的现实选择。

一、高校教师终身教育的认识和分析

"终身教育"观念和模式的提出，被誉为教育发展中"哥白尼革命"。联合国教科文组织（ISO）专职研究员 R.H. 戴维认为："终身教育是个人或诸集团为了自身生活水准的提高，而通过每个个人的一生所经历的一种人性的、社会的、职业的过程。这是在人生的各种阶段及生活领域，以带来启发及向上为目的，并包括'正规的'、'非正规的'学习在内的一种综合和统一的理念"[①]。富尔等人在《学会生存》一书中表示："终身教育这个概念包括教育的一切方面，包括其中的每一件事情。整体大于其部分的总和。世界上没有一个非终身的而又分割开来的'永恒'的教育部分。换句话说，终身教育并不是一个教育体系，而是建立一个体系的全面组织所根据的原则，而这个原则又是贯穿在这个体系的每个部分的发展过程之中的。"美国联邦储备委员会主席艾伦·格林斯潘就终身教育问题阐述了自己的看法，他认为"学习要成为终身行为"[②]。

目前，国际上对文盲提出一种新的定义：不会主动寻求新的知识或者不会把学到的知识应用于实践的人都称为文盲。这是知识经济时代对每一个人提出的新要求。包括两层含义：一是知识更新的速度不断加快，"昨天的面包不能充饥"，我们今天知道的东西，

---

① 吴遵民：《现代国际终身教育论》，上海教育出版社 1999 年版，第 97 页。

② 保罗·郎格朗：《终身教育导论》，华夏出版社 1996 年版，第 115 页。

到明天已经过时，好汉不提当年勇。如果我们停止学习，就会停滞不前，甚至倒退。二是学到的理论必须与实践相结合，学到的知识必须运用到实践中去，并在实践中不断创新和发展。学习成了一个人生存的先决条件，成了人生一场永无止境的竞赛。

那么，如何理解高校教师的终身教育？在前人认识的基础，我们把高校教师的终身教育理解为对教师个人一生所进行的教育。教育有多种多样，如：基础教育、学历教育、职业教育、继续教育等。基础教育是接受科学、文化基本知识的教育过程；学历教育是培养人的不同教育阶段不同能力和技巧的教育过程，职业教育是适应某种职业需要的教育培养过程，而继续教育一般是指对在职人员进行专业技术能力的深化培训。终身教育有别于这些教育，他首先是一种教育理念，是以上各种教育的系统性循环，是人一生中从始而终的教育过程。高校教师的终身教育从教育形式上看，分为"他人教育"和"自我教育"两个部分，从教育内容上看，包括学历教育、职业教育和继续教育，是这些教育的螺旋式循环。

二、高校教师终身教育的基本动因

在知识更新迅猛发展、科学技术日新月异的今天，高校教师不可能仅靠青壮年时期在大学里学士、硕士、博士阶段获得的知识享用终身，因为在此期间获得的知识仅占他一生中所用知识的20%—30%。据联合国 ISO 统计，人类 30 年前，几千种所积累的知识只占 10%，而近 30 年来所积累的知识占人类积累知识总量的 90%。[①] 英国技术预测专家詹姆斯·马丁的测算结果也证实了同样的趋势：人类的知识在 19 世纪是每 50 年翻一番，20 世纪初是每 10 年翻一番，20 世纪 70 年代是每 5 年翻一番，而近 10 年来是

---

① 参见联合国教科文组织：《学会生存》，教育科学出版社 1996 年版，第 65 页。

每 3 年翻一番。[①] 国外的研究表明：在农业经济时代，人们在 7—14 岁接受的教育所获的知识就足以应付以后 40 年的工作、生活之需；在工业经济时代，人们在 5—22 岁接受的教育所获的知识可以应付终身工作和生活的需要；而在知识经济时代，人们只有终身学习，才能满足人生的工作和生活需要，只有不断更新知识，才能跟上时代的步伐。[②] 因此，在信息大爆炸的知识经济时代，高校教师如果用原有的知识则无法适应现代大学生素质和能力培养的需要，要跟上信息社会发展的进程，每个教师都必须进行终身学习。从社会分工的角度看，高校教师处于"人力资源"开发的前沿阵地，他们承担着培养高、尖端科学技术人才和培养国家栋梁之才的历史重任，从这个意义上说，高校教师的终身教育在社会教育体系中占有更加突出的地位。有一位教育专家提出了一个非常严峻的话题："如果一个大学教师，不进行自身学习、不进行知识更新，不从事科学研究，一心只想教书的话，那么他最终没有书教，只有被迫下课"，这就是时代对高校教师的挑战。时下，终身教育被各行业提到了议事日程，但是和其他行业比较，高校教师终身教育的动因具有其社会的一般性特征，也有其行业的特殊性，主要表现在如下一些方面：

1. 受教育者——学生的需求因素

当代的大学教育，已经不再满足于对学生书本知识的传授，仅限于基本知识和技能的训练，更重要的是开发学生的潜能和培养学生的创造力。时代要求大学教育必须从传统的统一教育方式向个性化教育方式转变，从单一的专业能力培养向综合素质培养转变。为适应当代的大学教育，高校教师必须拥有终身教育强烈意识，自

---

① 参见联合国教科文组织：《学会生存》，教育科学出版社 1996 年版，第 68 页。

② 参见马玉杰：《终身学习与信息素质教育》，《教育探索》2003 年第 9 期，第 28 页。

主学习的意志，不断更新知识，扩大自身的知识源，满足当代大学生的求知欲望。

2. 知识经济时代——科学技术进步的因素

目前，高校教育的技术创新处于有史以来最快的时期，如：双语教学、多媒体教学、网络化教学、研究性教学、创新性教学、实践性教学等，新技术的出现和教学方式的创新，成为高校教育教学改革的重要内容，许多教师感到，如果不继续学习，深感教学力不从心，跟不上技术创新条件下的教学创新。

3. 教育者——教师岗位竞争的挑战因素

随着我国高等教育体制改革的不断深入，高校"双向选择，竞争上岗"的人才流动机制逐步形成，职称和教学科研岗位评聘分开，高评低聘、低评高聘的用人制度正在各高校实施，特别是以学生为主的教师挂牌上课、学生公开选择教师以及学生对教师教学效果网络评价体系的建立，增强了教师的岗位竞争意识，使教师认识到，不论是个人的需要或是工作的需要，所在的岗位都不会从一而终，每一次变化都孕育着新的学习任务和新的学习要求，迫使教师终身学习，以适应新的岗位和未来发展的要求。

4. 从业人员状况——高校教师的现实因素

在知识经济条件下，高校的生存和发展遇到了前所未有的挑战，人才资源将成为高校发展至关重要的资本。然而，目前高校教师队伍的从业人员状况令人堪忧。一方面是高校教师资源流失严重，师资力量匮乏，一些优秀的人才不是跳槽，就是流到国外，在高校领域高级人才的培养出现了严重"格雷欣现象"。另一方面是教师工作现状与终身教育机会之间的工学矛盾日益突出。随着1999年来高校的连年扩招，高校师生比例从1995年开始逐步提升，其中教师统计中还有相当一部分是占有教师编制和相应职称但不承担教学工作的人员，高校的师资状况与扩招形势下的"大众化教育"矛盾日益突出。因此，客观的现实成为各个高校推进教师终身教育工程必须跨越的一道坎。

三、高校教师终身教育的障碍

1. 高校教师自身的原因

多数高校教师对新技术的挑战心理准备不足，竞争意识淡薄，教学方式、教学手段缺乏对时代要求的适应能力，自身接受终身教育的欲望并不强烈。

2. 终身教育缺乏必要的社会氛围

从多数高校教师的现实状况来看，普遍接受过正规的高等教育，但是和终身教育比较，正规教育只是一个阶段性教育，只是终身教育的一个部分。由于信息化的社会知识更新速度加快，许多知识在五年甚至更短的时间已不能满足社会发展和人才培养的需要，所以无论是大学生、硕士、博士，都需要不断地学习、更新知识。但是在我们的现实生活中，大学教师的培训、进修、提高、深造多以完成学士、硕士、博士而告终。特别是在我国重视学历教育、忽视非学历教育的环境气候下，学历教育成人们终身教育的全部。由于现行管理制度的缺陷和不合理性，使大学教师普遍缺乏接受终身教育的积极性。

3. 终身教育缺乏必要经费保障

教育经费严重不足是困扰高校发展的普遍问题，所以高校领导和管理者多以经费紧张、教学任务繁重为由，不提供或少提供教师参加学习进修、学术研讨、学术交流的机会，有的教师甚至通过全国征文评比、学术论文选拔获得的重要学术会议，也得自己承担往返费用，严重挫伤教师学习研究、更新知识的积极性。

4. 高校教师终身教育制度缺位

从理论上来说，无论是大学校长、院系主任或是普通教师，都能认识到高校教师接受终身教育的重要意义，但是在现实生活中，由于我们缺乏相应的制度保障，理论上的重要性往往被实践中的反向操作所取代，特别是在高校扩招、工学矛盾日益突出的特定条件下，在工作和学习进修之间的天平砝码不约而同地向工作方向滑动，由于教师终身教育缺乏必要的制度保障，使得理论的重要性被实践的可有可无所取代。

四、高校教师终身教育的基本方略

1. 提高领导层的重视程度

目前，当务之急是高校领导必须转变观念，建立高校教师终身教育的运作机制，要从人才培养关系到高校生存和发展的高度来认识终身教育的迫切性和必要性。必须把教师终身教育纳入高校师资队伍建设的范畴，摆到与教学、科研同等重要的地位，和建立终身教育基金，制定教师终身教育发展规划，为终身教育提供经费和时间保障。

2. 建立全国性协调指导机构，组织制定全国公民终身教育的相关法规

从法律上明确推行终身教育是国家各级政府及其职能部门必须承担的责任，接受终身教育是每个公民享有的权利。因此，必须改革原有的高等教育管理模式，建立国家级的组织指导机构，对高校教师终身教育工作进行宏观的控制和协调。可以由高等教育协会牵头，建立权威性的"全国高校教师事业发展中心"，负责收集、分析各层次人员对终身教育的需求，权威人士对终身教育的意见和建议，制定相应的高校教师终身教育的指导性计划。以引起各高校对教师终身教育的关注，确保终身教育的长期性、持续性和稳定性。

3. 制定切实可行的高校教师终身教育培训计划

每所高校都应在分析本校教师素质状况的基础上，根据在职

教师的知识层次、专业职务、年龄结构等，量身定做终身教育培训计划，建立"有区别、有层次、有要求、有考核"的循序渐进的终身教育培训体系，避免流于形式或走过场，建立相应的管理、鼓励、监督措施，确保教师终身教育的制度化和程序化。

4. 采取灵活多样的方式，对高校教师进行终身教育

教师的终身教育是一个多元化、多渠道的教育体系。一是入校教育。对于每个入校的教师（新分配教师和调入教师），不论其学历、学位的高低，首先必须进行入校教育，目的在于让其了解学校的发展历史、学校的发展现状，培育爱校、爱岗的敬业精神，使他们具备强烈的责任感和事业心。二是岗位职业资格培训，作为一名高校教师，并非是学历高就具备从教的条件，根据《教师法》规定，对新分配的教师必须进行执业岗位资格培训，这是高校教师职业生涯的第一步。三是学历教育，对那些学历偏低或学历达不到要求的教师，学校应向教师本人提出明确的要求，为他们创造条件，鼓励他们在职或脱产攻读更高的学历、学位，进一步提高自身素质，适应新时期高校人才培养的挑战。四是适时短期业务培训班和业务活动，这是高校教师终身教育的另外一种形式，一场学术报告、一个学术会议、一个短期培训班，都会使教师受益，是提高教师素质的重要渠道。五是专业方向轮换式教育，这是新时期对高校教师终身教育提出的新要求，随着我国高等教育由计划经济时期的"精英教育"向市场经济时代的"大众化教育"转变，计划经济时期那种教师从事一个专业而终身享用的年代一去不复返了，现代大学的人才培养必须适应社会的需要，社会需要什么专业，我们培养什么人才，客观上要求大学教师必须具备多专业、多方向的人才培养能力，老的专业不适应社会，就必须开辟新的专业方向。因此，专业方向轮换式教育，是解决高校人才培养和社会人才需求错位矛盾的有效手段。从这个角度来说，高校教师的能力应由计划经济时

期的"专才"向市场经济时代的"一专多能"方向转变。

研究总结

　　笔者认为，人的一生中，学校求学阶段所获得的知识仅占需要知识的10%，其余90%的知识需要在实践中不断学习、提炼、深化而获得。这一命题无论对学生、硕士、博士、专家、教授都是如此。当今社会不仅不会给无知识者有机会，而且给低知识者、知识老化者的机会也越来越少。不论是脑力劳动者还是体力劳动者，不论是"白领阶层"或是"蓝领阶层"，都必须不断更新、提高自己的知识和技能，否则难免被无情的社会所淘汰。对生在这个时代的人们来说，是幸运的。不论何时何地，不论你处于什么角色，只要你有"学习——学习——再学习"，"努力——努力——再努力"的勇气和决心，只要你有"不断探索、不断追求、不断更新自我"的气魄，你就会在知识经济的浪潮中找到自己的位置。

第三节　大学教师"现代化"的几个基本问题

问题评析

　　21世纪，大学教师现代化是我国高校面临的新兴课题。一所现代化的大学，不仅是重视管理和现代技术的运用，而且更为重要的是教师现代化素质的提高，为大学教师提供创造性研究活动的理想场所，为他们搭建一个施展才华的平台，进而激发和培养大学教师的创造激情。

大学教师现代化是知识经济时代高校赖以生存和发展的基础。研究大学教师现代化问题是高校现代化教育技术研究的一个有机组成部分，没有大学教师的现代化，就没有大学教育的现代化，因此从发展的角度上说，大学教师现代化的广度和深度决定着大学教育技术手段的创新和发展水平。

一、理论前言：研究大学教师现代化的重要意义

现代化（Modernization）这个词对人们来说，并不陌生，它最早出现于18世纪（1770年），至今已有230多年的历史。18世纪产业革命首先在英国兴起，最初是纺织机械革命，后来是蒸汽机革命，在新的生产方式下，把生产的效率提高了几十倍、上百倍。因此，现代化概念和欧洲的产业革命有必然的内在联系。因为，产业革命后，生产的效率实在是变化太大了，如果人们不接受，不采用先进的生产方式，就必然因落后而被淘汰，这种新的方式涉及方方面面，客观上需要一个词来表达，现代化一词就应运而生了。随着社会的发展和进步，运用现代化概念的人越来越多，用的频率越来越高，但是人们对它的理解不尽相同，迄今为止世界上还没有统一的定义。从现代化发展进程看，它是一个动态的概念，就绝对意义来说，是指从传统社会向现代社会的转化过程。就相对意义来说，是指落后国家向发达国家转变的历史进程。从现代化的本质来看，表现为两个方面：一是"目标集"的概念，是人类社会对现代化追求全面过程；二是有明确的标志，是数量特征、质量特征和形态特征的有机统一体。根据国内外学者对不同经济形态的现代化研究，我们把经济形态区分为：农业经济社会→工业经济社会→知识经济

社会，对应的农业经济社会的现代化称为前现代化→工业经济社会的现代化称为现代化（第一次现代化）→知识经济社会的现代化称后现代化（第二次现代化）。

那么，何为大学教师现代化？笔者认为，大学教师现代化就是指大学教师在自己的执业生涯中，要进行终身学习，不断更新知识，增加知识容量，完善自己的知识结构，把最新的理论、最新的知识、最新的方法、最新的技能运用于现代大学生的教育和培养过程，培养适应现代社会需要的具有竞争力的高等专业技术人才。随着社会信息化程度的不断提高和网络信息技术迅速发展和运用，大学教育面临着激烈的竞争和巨大的压力，在这样的环境下，充当什么样角色，是我们每一个大学教师应该认真思考的问题。21世纪的大学教育将呈现出多元化、个性化、综合化、全能化和智能化等多种趋势。因此，大学教师的现代化问题不可置疑地摆到了大学教育创新发展的重要议事日程上。在科学技术日新月异、知识、信息"大爆炸"的今天，研究大学教师现代化问题具有重要的现实意义。

1. 大学教师现代化是现代高校赖以生存和发展的重要基础

大学作为社会综合系统的一个重要组成部分，它不仅伴随着社会发展和文明进步的产生而产生，而且随着科学文化的进步而发展。大学处于国家人力资源开发的前沿阵地，对社会的进步、全民科学文化素质的提高发挥着重要作用。它通过"人才的输入→教育→培养→训练→人才的输出"的系统循环，实现大学的社会功能。从大学教育来看，教育的作用对象是学生，学生是大学教育中不可缺少的、最重要的、最活跃的因素，脱离学生，大学的社会功能就会散失，植根于学生和教师之间交流和沟通的教育活动无从谈起。正是教育活动中教师与学生作用与反作用的关系，决定了大学的根本任务是和学生的教育和培养联系在一起的，学生的成分决定了大学教育的发展道路和发展方向，社会的需要（广义需要）决定了大学教育的发展规模。因此，大学教师现代化是高等教育现代化的客观前提，是影响国家现代化发展的重要社会因素。

2.大学教师现代化将丰富和完善大学教育的思想体系、理论体系和课程体系

长期以来，由于人们对"教师而教书"观念没有改变，对充分发挥人的主观能动性和创造性没有足够的认识，使得我们的大学教育具有突出的被动性、机械性和单调性，对社会的适应较差，教师的知识结构和水平不能适应社会人才需求的结构的多样性和层次性。特别是我国的高等教育由传统的"精英教育"向"大众教育"转型的今天，高等教育的不适应性形成了大学人才培养和社会人才需求的错位矛盾。这种现象被教育专家称为"知识性失业"现象。要扭转这种局面，必须通过大学教师的现代化来实现。大学课程体系改革的核心是进行完整的课程设计，建立科学合理的课程体系，目前课程选修制已被越来越多的人接受。持续的教学改革，必须把学生的信息素养的培育作为一项重要考虑的因素，信息素养培育将为大学教育实现"素质教育"和"终身学习"提供持续不断的动力源泉。在这方面，美国加州大学的信息素养课程建设为我们提供了学习借鉴成功的经验。

二、理性分析：大学教师现代化的基本内涵

大学教师现代化，主要表现为：良好的政治思想素质、敏锐的政治嗅觉、优秀的职业道德、扎实的理论功底、精湛的专业技能、广博的知识结构、较强的信息接收、处理、研究和运用能力、广泛的社会交际能力等。我们可以从以下几个方面勾画出现代大学教师的社会形象。

1.现代化大学教师应具有强烈的时间感和效率观

现代社会是一个知识的时代，价值的增值是通过知识、信息

和智力资本实现的。"时间就是金钱，效率就是生命"应当成为现代大学教师追求的行为规范。他们一方面要能获取大量的知识和信息，另一方面要对获取的知识和信息进行识别、选择、吸收和运用教学和科研工作，在最短的时间内消化对自己有价值的东西。面对激增的信息和知识，大学教师必须具有高效率处理信息和知识的技能，快速获取新的知识和信息，善于利用各种阅读技巧和学习方法，吸收新的知识，表现出强烈的时间感和效率观。

2. 现代化大学教师应具有极强的创造性，能快速接受新生事物

现代化大学教师具有强烈的创造欲望，同时乐于接受新生事物。大学教师的创造性是对知识和技能需求产生的源泉，是建立在自己对学问的苦心钻研基础之上的，要有创造性，就应当有前人未曾想、并且敢于向权威挑战的勇气和毅力。正是现代化大学教师的学风、教风和优秀的人格品质，表现为对知识和信息的渴望和需求，对知识、信息资源的开发和利用，对新学科、新事物有极强的兴趣。要保持和培养大学教师的创造激情，客观上要求学校必须为他们提供良好的环境条件，创造浓厚的学术氛围。具体表现为办学思想的先进性、办学格局的新颖性、人才培养的多样性、教学设备、实施的先进性，满足不同教师的创造需求，为他们提供创造性研究活动的理想场所，为他们搭建一个施展才华的平台。

3. 现代化大学教师应具有"丰"字型知识结构

现代化大学教师的知识结构，从纵向上看，应全面掌握所从事专业的系统知识，形成一个有相当深度的学术造诣主杆，从横向上看，有广博的知识和扎实的根基。纵向和横向的组合就构成了"丰"字型的智能结构。当然，知识结构对任何人来说必须是一个开放和动态的系统。它随着社会的发展不断更新，根据工作任务的变化不断调整和充实。只有这样，现代化大学教师才能获得高效率、高质量的工作效果，并具备适应现代化社会的竞争能力。

4.现代化大学教师应具有确认、评估、寻获和使用信息的能力

在科学技术日新月异、知识信息全球化的今天，知识和信息成为与材料、能源等具有同等重要的位置，它被经济学家们称为"智力资本"。在四者的关系之中，知识和信息占有支配性的作用。知识和信息被称为战略性资源，能源和材料被称为物质性资源。因此，在知识经济时代，谁占有丰富的知识和及时把握信息，谁就能抓住发展和获胜的机遇。当然，我们应当注意的是，当今的信息社会既是浩瀚的"海洋"，又是杂乱无序和鱼目混珠的"世界"，既有利用价值高的"信息珍宝"，也有一无是处的"垃圾污垢"。因此，现代化的大学教师，必须具备确认、评估、寻获和使用信息的能力。具体说来，这些能力包括：一是识别自己需要的信息知识资源；二是完整把握信息知识资源与智慧决策之间的关系；三是能有效地陈述信息知识；四是选择恰当的获取路径；五是能使用不同载体条件下的信息知识资源；六是吸收新的信息知识使之成为自己知识结构的一个有机组成部分；七是能利用信息知识资源进行扬弃性的思考和解决问题；八是能把获得的信息知识资源有效地运用于自己的教学和科研工作。

三、大学教师现代化：学生现代化的重要"向导"

大学教师一向以培养人才、造就人才而著称，被人们形象地称为人类灵魂的"工程师"。在科学技术突飞猛进、知识化、网络化、数字化的今天，大学教师面临着现代教育方式、人才培养模式、人才培养手段创新的重任。面对这一新课题，我们认为，现代化大学教师应表现出对学生现代化的"催化"作用和"导向"作用。

1.大学教师现代化对学生"学会做人"发挥着重要的导向作用

在当今的社会活动中，人的素质和能力是多方面的，其中，人格品质占有突出的地位。在现代人才的培养过程中，大学教师的

学风、教风和优秀的人格品质，对学生产生着潜移默化的作用。大学教师要引导学生学会做人的方法。既要发扬中华民族的优秀传统，又要根据世界发展趋势增添新的内容。现代化大学教师要积极承担学生做人的向导，为培养合格的建设人才而努力：一是引导学生增强对社会、对家庭、对他人、对自己负责的现代人生价值观念；二是引导学生对社会价值的判断能力和社会道德标准的选择能力；三是引导学生学会处理个人与他人关系的能力；四是引导学生重视文理兼容"通识学习"意识。

2. 大学教师现代化对学生学会"自我管理、自主学习"发挥着重要的引导作用

在现代信息社会，学生学习的方法、方式和途径是多种多样的，如教师的课堂教育、自主学习、学生相互学习、网络学习等。其中互联网的出现，为学生的自主学习创造了良好的条件。为避免学生学习的盲目性，现代大学教师要在以下几个方面做好向导：一是引导学生在学习中树立正确的认识观；二是引导学生在学习中树立正确的学习动机；三是引导学生提高元认知、元学习的能力。"元认知"是指对认知学习活动自身的认识，对端正学习态度和提高学习质量有重要的促进作用。"元学习"通常是指学会学习的方法，是提高学习效率的重要手段。

3. 大学教师现代化有利于教师"教"和学生"学"互动关系中主体角色的变换

在经历了传统的一致化、标准化的大学"应试教育"之后，当代的高等教育大力提倡素质教育、"多元智能化"教育、个性化教育、通才教育、创造教育。这些都表明现代高等教育观念需要学校和教师重视教育中个人的选择性和参与性，更新我们原来以教师、教材课堂为中心的观念，因为信息社会中教育模式的各参与主体的角色很值得我们去研究和探讨。大学教师现代化有利于教师和

学生关系的变换，教师不再是最被关注的中心角色。教师从原来知识传授者变成教学的策划者、成为学生学习的伙伴。使学生由传统教育模式下的被动接受教育的"客体"变成主动学习的"主体"。教师的主要活动是授课和学习指导，为学生构建学习内容，鼓励他们进行科学探索，指导学生产生合理而有层次的信息需求，并监督他们的整个学过程。在整个教学过程中，教师只帮助学生解决问题，不干预学生在学习过程中思考问题的具体方式。

4. 大学教师现代化是建立"实体"和"虚拟"教学互动环境的重要条件

要培养现代化的大学生，首先必须有现代化的大学教师。随着网络时代的到来，使得教师和学生的互动关系发生了翻天覆地的变化。教师的教学工作不仅仅局限于课堂和实验室，由传统的课堂和实验室延伸到虚拟的网络空间。在教师和学生之间建立起"实体教学"和"虚拟教学"的互动关系。教师除了课堂和实验教学外，可以利用现代网络技术，建立自己的网页、建立网上学习指南、网上问题答疑、网上问题论坛、网络信息与搜索引擎指南等。通过和学生的对话、讨论、沟通，为学生主动学习创造良好时空条件。学生信息素养培育的核心是利用资源学习把学生培养成终身学习者，信息素养的培育是一个动态、发展、变化的概念，不是靠几门课程或培训就能解决的问题。因此要发挥现代化大学教师的引领作用，使学生拥有不断学习、探索、研究和实践的强烈意识，有目的、有意识地提高自己。

研究总结

大学教师现代化涉及社会、学校、教师本人等多方面的因素，大学教师现代化是一个动态的概念，大学教师要把握最新的理论、最新的知识、最新的方法、最新的技能，只有不断学习，树立终身学习意识，只有真正做到"自觉→自律→自学→自新"，才能不断适应社会发展变化的要求，在新的历史条件下，为我国高等教育事业的发展创造新的辉煌。

第四节　高校"教"、"学"互动关系的基本构建

问题评析

　　网络时代的到来，使我国高等教育获得了新的发展机遇，主要表现在高等学校的教学活动过程中，"教师"和"学生"互动关系的变化。从空间上，由单一的实体教学互动变为实体教学和虚拟教学的双重互动；从时间上，由单一的同步教学互动变为同步和异步的双重教学；从知识上，由不平等单向传输变为平等的双向传输；从信息资源上，由传统单向共享变为现代的双向共享。然而，要真正实现这些变化，必须有效排除"观念、机制、体制、安全"等多种障碍。

随着科技的进步和经济的发展，人类对各种信息的需求越来越大。信息高速公路的建设与计算机网络的普及和应用，特别是网络化对高等教育的影响极为深刻。网络时代的高校教育已突破了传统的围墙式教学、班级式教学、定时性教学。特别是网络教学课程的发展，使学生对学习内容的选择更加趋于个性化。最值得我们关

注的是在网络环境条件下，教师与学生之间的关系发生了根本性变化，在高校教师和学生之间将逐步形成一种新型的互动关系。

一、实体与虚拟：教学活动由单一互动到双重互动的变化

在前网络时代，高校教师和学生的教学业务互动是在特定的时间、特定的实体环境条件下进行的；高等学校是由钢筋水泥、讲台围栏和教师员工构成的实体；教学活动的工具是由一系列铅字印刷的教材、讲义、黑板、讲台、粉笔、笔记、教具等实体性工具；教师在教学活动中，教师和学生之间的知识传输是通过"教师说、学生听"的传统方式完成的，是由教师和学生双方身份十分明确的实体性个人构成的，他们必须通过两者的实体性互动，方能开展教学业务活动，并且这种活动具有明显的单向传输性。

网络时代的到来，使高校教师与学生的互动环境发生了变化。教师和学生都在走向虚拟化：教师虚拟化意指教师知识传授结构的虚拟化，教学服务网页使得高校去掉"钢筋水泥"成为一个无墙的知识信息平台，信息资源的电子化和网络化，使高校教师身份虚拟化，即网站管理员、信息咨询员、在线服务员的出现正是高校教师身份网络化的信号；学生的虚拟化则是指学生身份是一个有自己专业、班级、学号和个人学习状况记录等信息网络。这样高校教师教学活动和学生学习生活都成为网络空间的一个组成部分，网络空间成为他们虚拟互动的基础。网络教学业务的开发和运用，使高校教师教学活动突破了时空的局限，通过互联网（校园网），建立全方位的、开放的教学服务系统，网络化教学具有文字、图像、声音、动画等多媒体信息，甚至可通过互联网获取世界各大学、科研院所的最新前沿信息，大大丰富了教学资源。为学生提供"3A 式学习服务"（Anytime，Anywhere，Anyhow），学生在任何有网络的地方均可根据自己的时间安排学习、根据自己的情况选择学习内容，

最大限度地满足学生的求知欲望。

当然，网络时代的到来，并没有消除高校教师和学生互动的实体性关系。并且这种实体性互动关系将长期存在和发展。就目前来说，网络的开发和运用，主要是拓展了教师和学生互动的空间，使教师和学生的实体性关系获得进一步延伸。换句话说，网络的横空出世，使教师和学生获得了双重身份，使教师和学生的互动由"单一互动"变成"双重互动"，教师和学生的互动可以在实体和虚拟两个环境之间自由"切换"。为学生创造了自由选择的空间。例如：学生可以在实体教学环境中和教师进行沟通和交流，也可以通过网上与教师取得联系，提出自己对某一问题的看法，征询老师的意见等，查询其本人学习记录、评价情况等，学生甚至可以根据自己的兴趣、爱好获得自助式的高质、高效、快捷、准确、方便的咨询和学习服务。高校教学业务的网络化，极大地拓展了教师和学生互动空间和互动方式。通过网络，高校向学生和社会传播普及性知识、专业课程模块以及课程开设信息、教育信息等，提高了知识的社会化普及速度，这种知识的传播超越了时空的限制，真正使人们在"任何时间、任何地点都可以获得服务或学习相关知识"的情态，网上的信息咨询和服务由传统的"一对一"向"一对多"的信息"批处理"转变。特别是在信息咨询、课程介绍、学习方案的选择等方面，一名教师就可以接纳多个不同的学生用户，通过信息"搜索、整理、打包"以批处理的方式传输给用户。

二、异步与同步：学习互动时间的双重变化

在前网络时代的高校教学系统中，教师和学生的教学业务活动必须和学校的开课时间表一致，并在时间上同步进行，受到时间的极大限制，学生只能根据本身一定时间的学习任务和时间进行判断考虑选修课程的时间安排，传统的大学教育课程的学习必须遵循

一系列步骤和程序，如：课堂教学、实习、实验、考勤、考试等方能完成。必须指出的是，传统教育方式在同一时段，学生只可能和一个教师发生"教"、"学"关系，由此看来，学生和教师的异步互动造成教学资源由教师到学生的延时流动是显而易见的。这种延时流动延缓了信息资源的流通速度，不仅占用了学校和学生之间因学习某一课程的大量时间成本，而且也制约了学生求知欲望的拓展和教师教学效率的提高。

进入网络时代，使教师和学生这种异步延时的矛盾状态迎刃而解。在网络时代的高校教学和学习系统中，教师和学生的互动做到程序上的异步和时间上的同步整合。如：网上课程、网上论坛、网上学习、网上作业的批改和评判等。从程序上看，学生必须完成登录注册方能进入虚拟的学习和交流空间，这些前后相继的程序从操作上看是异步的。但是从时间上看，教师教学资源的供给和学生学习的需求是同步实现的。

第一，学生在宿舍或公用机房就可以完成相关信息的检索和自主学习内容的选择，把一个需要通过"实体空间移动"才能完成的事项变成只要通过"点击确认"的简单操作就能实现网上选择。通过网络操作大大节约了时间成本，增强了学生自主选择的可能性。

第二，学生在同一时段可以和多个老师进行联系，通过网络登录和注册，可以搜寻到多个教师教学资源信息。如：精品课程的开发、课程内容的设置及介绍、学习方法的创新、参与学习的建议、参考文献的搜集等。用户通过搜寻、比较，获得最适合自己学习的信息资源。

第三，在教学活动中学生和教师的互动，在时间上变得更加灵活多样，有了更多的选择余地。教师对学生的网上授课和学习指导不受学校上课时间和地点的限制，学生可以在任何时候访问教师的网页，提出自己某个问题的看法和学习中存在的问题，并获得老师的解答和相关指导。使教师和学生在教学活动中的角色发生了根本性变化，教师成为"组织→学习→引导→帮助→督促"学生学习的环境营造者，学生处于主动接近、积极学习的情态之中，真正形成以"学生为中心→实践为中心→能力为中心→素质为中心"的教学新观念。

三、教师与学生：知识互动的二维变革

在前网络时代的高校教学系统，使得教师和学生处于教学体系的两极，前者是理论、知识、技能的传输者、相关问题的答疑者以及信息的咨询者，后者是理论、知识、技能的需求者、问题求解者和相关信息的征询者。这种角色的定位分工，使得二者在知识的占有或信息获取上是不平等的，这就是占有相对丰富知识和信息来源的教师以及需要知识、信息而又相对缺乏的学生。由此可见，教师和学生的知识和信息互补是非常重要的，在传统的教学模式下，要解决这个问题，唯一的办法是强化教师与学生的沟通，加大老师对学生的课余辅导等。

进入网络时代后，网络所具有的时代特征为教师和学生的知识互动提供了最好的技术平台，高校教师可以利用网页链接、光盘等传递大量的知识和信息资源，甚至可以把教师的课程作成课件放在网上，方便学生在课前预习和课后复习，而每一次传递可以使每一个知识、信息检索者在有上网条件的任何时间、任何地点进行，并且成为学校教学、学习系统的在线读者，通过注册登录，获得阅读、参考的权利。正因为这样，知识的利用率、信息资源的传输成本在单位流量和单位成本上拥有良好的经济性价比，使学生、读者能普遍接受。此外由于互联网没有中心，因此每个用户均可能成为一个网络中心，也就没有人拥有更多的特权，教师与学生之间、教师与教师之间、学生与学生之间的联系和交往处于平等地位。教师和学生均成为网络的一个有机组成部分，在平等环境下实现双向交

流互动，实现教师与学生知识互动的二维变革。

四、学校与学生：信息资源共享的二维变换

传统的高校教学工作系统，学校和学生之间信息资源关系基本上是一种供给与需求关系。所谓信息资源共享基本上是学校将自己的信息资源以一定的方式共享给学生，这实质上是一种单向共享，而学校要获得学生资源信息共享，则非常麻烦，往往需要通过座谈会、问卷调查、抽样调查等多种途径以及多个部门的密切合作来实现。有时因学生有种种顾虑很难获得可靠资信材料，校方甚至费了很多周折，还不能达到目的。在网络情景下，随着我国网络信息工程的推进，开放式的网络体系将不断完善，社会网络安全管理体系的建立和完善，学校和学生信息资源共享的传输模式发生了很大的变化，信息资源共享的渠道和内容都极为丰富。网络使学校和学生的接触更为频繁，互动的频率提高，信息交流获得提升。在网络穿梭的条件下，学校对学生意见和建议的征询、信息的收集、传播和利用、文件和通知等都可以通过网络（校园网）发布，用户登录后，即可在网上阅文、保存、下载、打印等。这时，学校不再是一个孤立的主体，而是整个信息网络的一个节点，学生通过和学校的沟通互动，可以把自己在学习、生活中面临的问题、对学校管理中的意见和建议等信息资源提供给学校或其他客户，学校也可以通过网络搜索获得学生的信息资源。学校和学生的资源共享由网络时代前的单向共享、单向传输，转变为双向共享和双传输，真正实现信息资源体系的二维变换。

五、理论与现实的差距：高等教育改革中"教"、"学"互动面临的现实问题

改革开放以来，我国高等教育的网络化建设获得了长足的发

展。如：高校排课系统的开发和运用、试题库的建立与发展、校长信箱、问题咨询、问题解答、网上论坛、精品课程网络工程等，为学生的自主性学习和选择性学习创造了良好的条件。但是在取得成绩的同时也反映出了高校与学生的教学互动中存在的一些实质性问题。综合分析，我们认为需要解决以下问题。

1. 观念性障碍

长期以来，广大教师、教育管理者和学生受传统观念的影响，对网上学习的迅速、快捷、准确等优越性缺乏足够的认识。特别是部分教师的观念和素质普遍滞后于网络技术的发展，对微机和现代网络技术不能熟练地掌握和运用，从而影响现代技术教育网络在高等教育中的普及率。

2. 体制性障碍

就目前我国高校网络建设的基础来看，网络建设处于一种无序状态，缺乏统一规划和开发，落后的基础设施造成实际运用效率降低，与高校课程改革相比存在严重的滞后现象。有的高校在现代技术教育的设备投资方面没有固定的投资比例，随意性很大，存在理论和实践上的强烈反差。目前我国高校的网络建设存在三个方面的体制障碍：一是低层次重复建设，各高校的网站构架和服务内容，不适应现代化大教育的基本要求，基本上是传统教学业务的电脑化操作；二是缺乏协调、统一规划，各家高校使用的硬件、软件标准不统一，各自为政，交叉混乱、校际协作困难；三是没有统一的网上认证标准，各家高校身份认证系统五花八门，不能保证高校之间联网交流的安全畅通。造成高校之间往来、交流、合作及互动的技术性障碍。

3. 机制性障碍

目前我国的网络市场环境不完善，社会诚信机制不健全，网上交流缺乏可靠的资信支持，由于网络的数字化、虚拟化，其真实性、可靠性，不易考察和验证，制约客户对网上业务的可接受性和可识别性。

4.安全性障碍

近年来，随着我国高等教育体制改革进程的加快，高校网络建设速度的加快，网络教育的课程规模不断扩大，网络安全问题日益突出。特别是近几年来，国内高校相继发生了不法分子利用各种手段窃取高校专业账号、密码，盗取高校重要秘密资料、考题等事件，高校的网络安全问题引起了教育界的极大关注。多数网络专家分析认为，当前我国高校网络安全建设存在四个问题：一是整体安全系统建设缺位；二是内部网络安全监控和防范措施不到位；三是智能与主动性安全防范体系建设力度不够；四是全面集中性安全管理平台尚未建立。由于这些问题使高校网络系统受到多方面攻击。因此，网络安全问题成为高校"教"、"学"互动中不可回避的现实问题。

研究总结

随着信息时代的到来，高校的人才培养环境发生了本质性变化，学校的教学活动、师生之间的交流与对话环境，由传统特定的单一实体环境向实体与虚拟的二维环境转变；学习互动时间由传统的同步向异步与同步的双重变化；教师与学生的知识互动由传统的单一的传授向传授与反馈的双向变化；学校与学生的信息资源共享由传统的单向共享、单向传输向双向共享和双传输转变。面对这些变化，教育行政主管部门和学校应做的工作是创造条件，努力消除观念、体制、机制和安全等多重障碍。

第四章　教学管理

——新时期提高高等教育质量的时代性话题

第一节　创建高校"学习型组织"的探索与研究

问题评析

  21 世纪是知识经济的年代，是信息化和高科技迅速发展的年代。21 世纪的前 20 年，我国政府承担着带领全国各族人民全面建设小康社会的重任。政府面临着多种挑战，行政观念需要不断调整，管理模式需要不断创新，以适应时代变化的新要求。因此，以学习型组织理论为基础，建立一种全新的政府科学管理理念是我国政府的必然选择。

  当前，我国高校正处于一个非常时期，面临着许多重大的变革和挑战。一方面是由于科学技术的迅速发展，传统的教学管理模式必须向现代教学管理模式转变。另一方面是随着我国社会主义市场经济体制的建立和完善，经济的市场化程度不断提高，政府所管辖的事务和计划经济体制比较，相应减少，由计划经济体制的"监护人"角色向市场经济体制的"裁判员"角色转变。随着我国国家行政体制改革的不断深入，必然涉及高校行政管理机构的调整和机关行政工作人员的精减等一系列问题，解决这些问题的突破口就是全面提升高校机关和行政后勤工作人员的综合素质，转变现有的管理职能和调整办事程序，把工作重心转移到教学、科研一线上来，切实解决高校教育质量工程中遇到的实际问题，而创建高校学习型组织正是实现这一目标的重要举措和战略选择。

一、学习型组织：时代赋予高校的重要使命

学习是前进的基础，创新是发展的动力。党的十六大报告明确指出："形成全民学习、终身学习的学习型社会，促进人的全面发展。"这是提高全民族思想道德素质、科学文化素质和健康素质的重要途径。创建"学习型社会"是全面建设小康社会的一个绝对不可缺少的重要方面，"学习型社会"是更高水平的小康社会的重要特征之一。因此，对培养人才的前沿阵地——高等学校来说，构建"学习型组织"是时代赋予高校的重要使命。创建"学习型组织"，首先必须把我们的学校建设成学习型的学校，把我们的校园建设成学习型的校园。转变高校行政观念，在管理观念上作出适应"新时代"的调整。把握时代变化的核心能力，是"与时俱进"时代精神的具体体现，是对时代建设的深邃思考，是对时代脉搏的准确把握，是全面提高我国高校教职员工综合素质的重要举措和战略选择。

1. 构建高校学习型组织，是创建学习型校园的关键

创建学习型社会是提高全民科学、文化素质的重要途径，在创建学习型社会的活动中，高等学校承担着重要的导向作用，要有效发挥导向作用，高校管理者及其组织成员首先必须带头先行学习，高校首先必须成为学习行组织，发挥高校的引领作用，唤起全校师生自觉学习科学文化知识、钻研科学技术的积极性、主动性和创造性，以适应时代变化的新要求。

2. 构建高校学习型组织，是转变现有机关管理职能、行政后勤服务职能和调整办事程序，全面提升我国高校办学水平，提高教育质量的突破口

党的十六大报告明确指出："进一步转变政府职能，改进管理方式，推行电子政府，提高行政效率，降低行政成本，形成规范、运转协调、公正透明、廉洁高效的行政管理体制"是深化行政管理体制改革的根本目标。要实现这一目标，就必须切实解决层次过多、职能交叉、人员臃肿、权责脱节和多头执法等实际问题。解决这些问题的关键是转变行政观念，提高政府人员素质。与此相适应，在高校组织内部，组织成员中必须形成个人强化学习的强烈意识，在高校管理体制变革中必须构建学习型高校的组织形态。要以深化高校行政管理体制改革为突破口，精减机关工作人员，进一步深化后勤社会化改革，把工作重心转移到推进教学改革、提高人才培养质量，提升科研水平，增强社会服务功能上来，切实解决高校教育质量工程中遇到的现实问题。

3. 构建高校学习型组织，是全面提升人才培养质量目标核心力量

在中国这样一个经济、文化相对落后、人才缺乏的发展中大国，共产党要领导全国人民进行现代化建设，能否解决好发展问题，直接关系到人心向背、事业兴衰的头等大事。高等学校承担着培养合格人才，推动中国社会进步的历史责任，因此，只有构建高校学习型组织，不断提高人才培养质量，改善人才培养结构，增强社会的适应能力，才能有效发挥社会主义教育制度的优越性，才能把发展先进生产力、发展先进文化、实现最广大人民群众的根本利益落到实处，推动社会全面进步，促进人的全面发展。

二、认识和分析：高校学习型组织的概念和特点

"学习型组织"的理论来源于学习型组织理论，是指以其思想

的先进性、管理手段的时代性和管理方法的务实性为世纪之交的人们提供一种全新的科学管理理念。学习型组织理论的创始人，当代杰出管理大师——美国麻省理工学院的彼得·圣吉教授指出：学习型组织的精髓在于自我超越、心智模式、共同愿景、团队学习、系统思考的"五项修炼"，其真谛就在于能够有一个富有前瞻性的愿望，它要求组织中的全体成员能够全身心地投入工作，并有能力不断学习；能让组织的全体成员体会到工作中生命的意义，通过不断的学习，提高自我、创造自我，完成"自觉→自律→自学→自新"的变革过程，进而扩展创造未来的能量。

学习型组织理论在世界范围内的许多领域产生了广泛的影响，被现代管理者们普遍认可和运用。新加坡用它来指导政府管理，提出要建立"学习型政府"，日本用它来指导城市管理，提出要把大板建成"学习型城市"，美国微软公司的比尔·盖茨用它来指导企业管理，努力把微软公司建成"学习型企业"，我国宝钢、海尔、伊利等企业也正在进行"学习型企业"实践。近年来，人事部、共青团中央提出建立"学习型机关"，北京、上海、广东、陕西、四川、南京市、大连市、青岛市、哈尔滨市等提出创建"学习型政府"，并开展了"学习型政府"的创建活动，在全国产生了广泛的影响。笔者认为，他们的成功经验是值得高校学习和借鉴的。

那么，何为高校学习型组织呢？高校学习型组织是指通过培养弥漫于整个校园的学习气氛，充分发挥高校成员的创造性思维能力而建立起来的一种有机的、高度柔性的、扁平的、符合人性的、能持续发展的以信息和知识为基础的高校管理和组织机构。它具有持续学习的能力，具有高于个人绩效总和的综合绩效。笔者认为，高校学习型组织具有以下特点。

1. 高校管理者及其组织成员拥有一个共同的愿景

愿景是指对未来的美好设想、愿望和追求，并通过真诚的付出，完全有可能兑现。愿景分为共同愿景和个人愿景，高校管理者和组织成员的共同愿景来源于个人愿景，并高于个人愿景，它是组织中所有成员共同愿望的景象，是他们的共同理想，它能使不同个性的人凝聚在一起，为实现共同的目标而努力。新加坡政府提出"一个政府，一个目标"（One Government，One Goal）的口号，非常明确地提出了政府的共同愿景。这样的政府能够站在时代的前沿，把握政府所处的大环境，随时调整自己的改革方向，增强对国内外的适应能力，削减传统性障碍，最大限度地发挥人们寻求合作的替能。笔者认为，作为培养人才的高校来说，我们应有"一所大学，一个目标"（One University，One Goal）的基本思想，这决不是对别人的简单照搬。

2. 精减而扁平的高校组织结构

我国传统的高校组织结构是金字塔型的，中间环节多，管理成本特别巨大。在一些高校干部管理中流行着这样一种说法："校级领导—走廊，处级干部—礼堂，科级干部—操场。"这句话的基本意思是：在高校办公大楼里有一层走廊两边校级领导的办公室，他们各自分管着学校的不同部门；当校长、书记需要向中层干部布置工作时，必须利用大礼堂开会才能解决；如果要向基层的科级干部安排工作任务，那么必须在大操场进行。虽然这种说法有些夸张，但是从一个侧面反映了高校行政管理机构臃肿的基本现实。高校学习型组织的组织结构是精减而扁平的，对每一所高校级来说，只有决策层、管理层和操作层之间，中间环节减少，便于上传下达和沟通，下层能直接体会到上层的决策思想和智慧光辉，上层能亲自了解下层的动态，吸取第一线的营养。形成相互理解、相互学习、整体互动、协调合作的群体，产生巨大的、持久的创造力。

3. 学习的全面性

第一是全员学习。即决策层、管理层和操作层，都要全身心地投入学习，特别是决策层，更应积极学习，以便掌握新知识、新技能、新理论、新方法，因为他们是决定社会发展方向和命运的重要阶层。第二是全程学习。传统的管理理论认为，学习往往是一个孤立的环节，办任何事情一般经过三个阶段，即准备→计划→实施。在这些环节中，工作和学习没有关系。然而学习型组织理论认为，不应把学习看做孤立环节，不应把工作和学习分割开来，应该是学习（准备）→学习（计划）→学习（实施），强调边学习边准备，边学习边计划，边学习边实施。提倡学习→学习→再学习；研究→研究→再研究；完善→完善→再完善。第三是设计好学习过程。美国的比尔·盖茨创建微软公司时提出了学习的三大理念，即批评与自我批评、信息反馈、知识资源的交流与共享。公司把这三大理念贯穿于学习的全过程，取得惊人的效果。笔者认为，这种方式值得我国高校学习和借鉴。

4. 高校组织成员管理的自主性

在学习型组织中，自主管理能使成员边工作边学习，是工作和学习紧密结合的有效方法，通过自主管理，能使成员发现自己工作中的问题→自己改进工作方法→自己确定工作目标→自己进行现状调查→自己进行要素分析→自己检查工作效果→自己进行评定总结。在自主管理的过程中，使成员之间形成共同的愿望，并以开放、求真、务实的心态相互切磋、相互学习，增强进取心，创造未来的能量。

5. 领导角色的转换

在学习型组织中，领导既是设计师又是公仆，还是老师。领导的设计工作是对高校组织要素的整合过程，他不仅设计组织结构、组织策略和政策，更为重要的是设计组织发展的基本理念，为组织成员指明工作的方向、努力的目标。领导公仆的角色表现为他对实现全校师生员工的需要、满足人们愿望的使命感，工作中自觉接受这种愿望的召唤。领导的老师角色表现为界定真实情况，解决问题的现实条件和可能条件，帮助人们对真实情况的正确判断，深刻把握。提高社会公众对高校组织系统和能力的认识程度，促进高校管理成员和师生员工不断学习，提高全校的整体素质。

三、方法与路径：构建高校学习型组织需要解决的基本问题

构建高校学习型组织是一个没有终点的长期过程，也是一个不断实践和完善的过程。在这个过程中，我们将面临着一系列新的问题。目前需要研究解决的问题是：

1. 稳步推进与平稳过渡

构建高校学习型组织必须以"稳步推进"为原则，力求平稳过渡，一定要稳扎稳打，步步为营，决不能一阵风→走过场→搞形式主义，要持之以恒，建立和完善学习创新和激励机制。要善于利用高校拥有丰富的信息资源、组织机构覆盖面广的优势，推行思想教育先行的思路，开辟"学习型组织"试验基地，成立项目小组，建立学术科研团队，引导所有成员不断学习，在稳步推进中提高自身能力，在平稳过渡中强化自身素质。

2. 更新观念与建立愿景目标

社会的变革，首先是人的观念的变革；社会的发展和变化，首先人的观念的更新和变化。构建高校学习型组织，就是要使学校由传统的"大行政，小教学"向"小行政，大教学"转变；由"权力型行政"向"服务型行政"转变；由"控制型行政"向"沟通型行政"转变。因此，从某种意义上说，构建高校学习型组织是对原有管理体制一次脱胎换骨的改造，也是一次触发心灵变革的痛苦过程。所以，各级管理者要有新的思想准备，要敢于面向困难，不断学习、不断创新、不断开拓进取。明确制定高校共同的愿景和发展目标是构建高校学习型组织的首要任务。因为，目标是前进的方

向，是工作人员学习的动力。愿景目标的确立，可通过学校各部门的专题会议、讨论、座谈、问卷等多种方式，鼓励学校成员不断弄清自己内心深处的个人愿景及对组织的愿景，学校领导应彻底了解所有下属的愿景及组织愿景的差异，并将个人对组织的愿景进行整合，并依据社会公众对高校的期望以及条件许可的现实状况，制定出一个务实可行，并为人们所接受的共同愿景和组织发展目标。

3. 创造良好的学习环境与促进高校员工的学习

首先，良好的学习环境取决于各级管理者的学习态度。学习态度积极的领导往往能够带动下属学习，鼓励下属学习，并为下属学习提供良好的学习资源和条件，促进他们实现自我导向性学习。其次，要建立一套完整的教职员工进修、学习制度，管理者对下属接受继续教育，应全力支持与鼓励，对学习动机明确、学习能力强的下属，应训练并激发他们的研究精神，从实际业务中的相关个案研究做起，研究成果不仅可以作为学校改进工作的参考依据，而且也可以作为工作业绩考评的参考资料。最后，建议各级管理部门成立学习事业部，负责所属成员的学习事宜，对学习进行统筹规划、系统安排，对学习提供必要的支持和帮助，使学习成为每个人工作的一个组成部分。通过学习事业部的努力，使全体成员在学习中增长知识，在具体工作中增长才干，在交流沟通中获得进步。

4. 转变学习方式与丰富学习内容

高校学习型组织的学习，不仅是高校管理者的个人形象，更是高校的集体形象。个人学习是团体学习的基础，但是，个人学习并不表示团体也在学习。团体学习是一项集体修炼的项目，虽然有助于个人的发展，但是团体学习的目的则更在于实现团体成员的整体搭配，发挥整体潜能，实现政府的目标。传统的高校决策在很大程度取决于领导个人的威信、个人意见甚至是经验判断。但是，在科技发展日新月异、高度组织化的今天，对现代高校来说，几乎所有的重大决策都必须借助科技手段，并直接或间接地透过团体付诸行动，否则，难免造成决策失误。所以团体学习更为重要，只有形成团体学习的良好氛围，才能统一思想、取得共识、形成合力，并为共同的目标而努力。现代物理学家海森堡曾经指出："科学根源与交谈。在不同人的合作之下，可能孕育着极为重要的科学成果。合作学习具有令人吃惊的潜能，集体可以做到比个人有洞察力、更为聪明，团体的智商可以远大于个人的智商。"所以团体学习的关键在于"交谈、交流和沟通"，包括会谈、讨论、辩论、答辩等多种方式，通过多种方式的配合使用，可以获得最佳的学习效果。

从学习内容来看，以往的高校学习，多集中在学历教育和岗位培训，学习方式单一、学习内容相对陈旧。构建高校学习型组织，必须在学习方式和和学习内容上下工夫，要提倡一专多能，学以致用的学习方式，学习的目的关键在于解决教学过程中、人才培养过程中的实际问题。为此要使高校成员具备多方面的知识（如：管理学知识、电脑知识、现代网络技术、法律知识、外语知识等），掌握新技术、接受新观念，具备新能力，提倡相互学习，提升高校的整体效能。

5.高校学习型组织与高校文化的培育

高校文化是社会文化的一个有机组成部分，是高校在长期的历史发展过程中逐步形成和发展起来的，它受不同时期政治、经济和社会文化等多种环境因素的影响。优秀的高校文化是促进社会发展和进步的重要力量，是能够长期维系或推动社会生存和发展的群体意识、行为、规范、准则以及管理特征的集合体。从高校文化的构成来看，包括四个层次，第一是表层文化——物质文化，这是最可变的部分，他决定高校成员物质利益的多少；第二是浅层文化——行为文化，即高校成员遵循行为规范、职业道德的程度；第三是中层文化——制度文化，反映一定时期高校教学管理制度的完善程度及合理性；第四是深层文化——精神文化，它是高校文化的精髓，在现代高校的变革、发展进程中，业务创新、技术创新、制度创新等是可以模仿的，但是文化是无法模仿的，它的作用是间接的，对高校的形象和学校的长远发展有着巨大的影响。

研究总结

构建高校学习型组织，突出强调建设以"真正的学习"为核心的组织文化，要以"三个代表"的重要思想为指导，贯彻"立党为公、执政为民"为根本宗旨，办人民满意的高等教育，要以"讲真理、讲真诚、讲合作、讲团结、讲效率"为高校文化建设的基本准则；以"面向学生、面向基层、面向服务、面向未来、面向世界"为实践内容，正确处理理论和实践的相互关系，提高理论和实践的结合程度，确保高校人才培养预期目标的实现。高校学习型组织和政府文化建设的完美结合，将使高校成为一个有共同理想、共同信念、共同价值观念、共同目标，不断学习、开拓创新、拼搏奋进的新型高校。

第二节 组织管理中教师角色压力的基本分析

问题评析

在高校组织结构中，教师的角色压力是客观存在的现象。全面认识和分析教师角色压力的内涵及维度，角色压力的正负效应，角色冲突与角色模糊的表现及其相互关系，通过组织内部的有效管理，有效排除角色压力的负面影响是新的历史条件下，构建高校有效合作团队的重要课题。

角色（Role）概念最早来源于艺术界的戏剧舞台，基本含义是指按照剧本的内容要求，演员在剧情中所扮演的某个特定的人物。早在20世纪20年代，美国心理学家米德（Meade）把"角色"概念引入社会学理论，后来引起了很多社会学家对角色理论的关注和研究。目前，角色压力问题已成为组织行为学中的一个重要研究领域。笔者试图就高校组织管理中教师的角色压力问题进行一些分析和探讨，并求教于同仁。

一、前言：相关文献的回顾与研究假设

"角色压力、角色冲突、角色模糊"不仅是一个复杂的心理问题，而且也是一个复杂的社会问题。如何处理它们的关系，是现代管理者面临的挑战。早在1964年Kahn和1970年Rizzo等学者提出了所谓的"角色情节理论（Role Episode Model）"是有关角色压力研究的重要基础，其研究成果引起了国际学术界的广泛关注。他们认为，就一个单位或部门来说，每一个员工在工作环境中必然会与"人、组织和任务"之间产生复杂的社会心理互动，并在这个复杂的过程中交织成"角色传递者、角色接收者和角色期望者"的社会互动关系。在这个互动过程中，如果角色扮演者对角色期望不清楚、角色间冲突或工作能力不足，那么角色冲突、角色模糊、角色负荷、角色不足等问题就会产生，所以角色压力是值得每个管理者重视的压力

源。①1984 年 Behrman 和 Perreault 将角色压力分为"角色冲突"和"角色模糊"两个重要维度，他们发现角色冲突对角色模糊有很大的影响。②虽然角色冲突和角色模糊的重要性受到质疑（Keenan 和 Newton，1985；Jex 和 Beehr，1991）③。但是许多研究表明，角色冲突和角色模糊在工作环境中确实影响若干重要的工作态度与行为变数，如：工作满足、离职倾向、组织承诺、工作绩效等，并造成负面的心理反应。譬如：焦虑、怒气、忧伤、认知困扰和紧张等（Flaherty，Dahlstromt & Skinner，1999；Babin & Boles，1998；Hartline & Ferrell，1996；Boshoff & Mels，1995；Michaels，Day & Joachimsthaler，1987）。1985 年 Jackson and Schuler 的整合分析也发现角色冲突和角色模糊与离职倾向、焦虑、紧张成正比，与工作满足成反比。④以往的研究文献显示，角色冲突和角色模糊之间有明显的正相关关系。但是在因果关系上，虽然有不同的观点和结论，但是有较多的学者认为角色冲突引发角色模糊，而 1999 年 Bakakus，Cravens，Johnston 和 Moncrief 对 350 个业务人员的调查研究发现，对提出的角色模糊导致角色冲突的研究假设也获得了

---

① Kahn, R.,Wolf, D., Quinn, R., Snoek, J. & Rossenthal, R.（1964），Organizational Stress: Studies in Role Conflict and Ambiguity, New York: Wiley；Rizzo, J.R., R.J. House & S.I.Lirtzman（1970），Role Conflict and Ambiguity in Complex Organizations, *Administrative Science Quarterly*, 15, pp. 150–163.

② Behrman, Douglas H.and William D. Perreault, Jr.（1984），A Role Stress Model of the Performanceand Satisfaction of Industrial Salespeople, *Journal of Marketing*, 48(4), pp. 9–21.

③ Keenan, A, & Newton, T.J.（1985），Stressful Events, Stressors and Psychological Strains in Young Professional Engineers, *Journal of Occupational Behavior*, 6, pp. 151–156; Jex, S.M., & Beehr, T.A.（1991），Emerging Theoretical and Methodological Issues in the Study of Work-related Stress, *Research in personnel and Human Resources Management*, 9, pp. 311–365.

④ Jackson, S .E . & Schuler, R.S.（1985），A Meta-analysis and Conceptual Critique of Research on Role Ambiguity and Role Conflict in Work Settings, *Organizational Behavior and Human Decision Processes*, 36, pp. 16–78.

强力的实证支持。[1] 笔者结合高校教师在本职工作上可能出现的角色冲突和角色模糊提出以下研究假设。在传统的组织管理理论中，"命令的链条传递性"、"命令的服从性"和"命令的统一性"相互关系和矛盾都可能成为角色压力产生的基本动因。

1. 命令链条（也称权利链条）是组织内部的职位性要求

即组织从"最高的决策层→管理层→基层→操作层"的权利性传递，在这个权利链条的传递中，每个个体都应明确自己的位置，并授予一定的任务和职权，为个体提供方向性指导。如果个体不清楚其职权范围，那么他就不知道上级要求他完成什么任务，产生的结果是角色模糊。

2. 命令的服从性是组织内部的纪律性规定

下级服从上级是一条铁的纪律，是组织有效运行的根本性保障。否则，必然会导致角色混乱和角色错位。

3. 命令的统一性是避免角色冲突的基本前提

也就是说，一个下属只能接受一个上司的指令，才能准确定位其扮演的角色。如果一个下属接受多个上司的指挥，就会形成多头领导，命令不统一，下属则无所适从，必然造成角色冲突和角色模糊。

在现实生活中，随着多功能团队的发展，含有多个上司新型组织模式不断涌现，"命令链条的传递性"、"命令的服从性"和"命令的统一性"逐步被淡化，特别是人们对"人本管理"理论的错误理解，产生与之相违背的管理方式，使得组织管理中的任务完成更加困难，使员工的角色压力加大。

---

[1] Babakus, E., Cravens, D.W., Johnston, M. & Moncrief, W.C.（1999）, The Role of Emotional Exhaustion in Sales Force Attitude and Behavior Relationships, *Academy of Marketing Science*, Vol.27, pp. 58–70.

二、分析与思考：高校教师角色压力的基本内涵

"角色"主要指个体在组织中的角色扮演，每一个角色都体现了个体对组织或他人应尽的责任和义务。角色压力是指个体在组织中扮演某一角色时产生的思想压力和精神负担。笔者认为，高校教师的角色压力是现实生活中的常见现象，角色压力在现实的组织管理中存在着两个不可回避的现实问题。

一是角色冲突。即在特定的时间内，客观上存在着"角色冲突"现象，任何一个个体不可能同时扮演多个角色。譬如：教师在课堂教学中某一时刻，他只能扮演教育者角色，他不可能既是教育者也是受教育者。

二是角色模糊。在管理中存在"角色定义不清→角色期望不明朗→角色职责不具体→角色任务不落实→角色行为不严谨→角色道德不规范"等问题。角色冲突表现在个体不能同时满足不一致的多种角色期望，也就是多种角色的矛盾性。而角色模糊表现为由于缺乏必要的信息，如：角色界定、角色期望、角色职责、角色任务、角色行为、角色道德规范等，导致扮演者在组织中扮演某个既定角色时，造成对结果的不可预测性和不可控制性。所以，有效解决角色压力的两个维度问题是组织行为学需要研究的课题。

三、高校教师团队面临的现实问题：个人角色压力给组织带来的负面效应

大量的研究表明，角色冲突和角色模糊是组织管理中普遍存在的现象，在高校教师队伍中也不可避免出现这种现象，往往会导致教师内部的消极状态，形成"高标准工作要求的紧张水平、低工作强度的满意感、满意的组织承诺、低下的工作效率并存"的基本格局。

1.高校教师内部角色压力会导致工作紧张度加强

在实际工作中，角色冲突降低工作效率和工作满意度，引起工作紧张，从而损害教师的身心健康。角色模糊往往会影响教师个体对自身专业能力的怀疑，引起工作紧张，降低工作效率。在高校教师的内部组织管理中，如果能够实现与教师职业技能的匹配，往往对角色压力能够起到缓冲作用。大量的研究证明，角色冲突和角色模糊与工作倦怠密切相关，是工作倦怠的重要预测变量。

2. 高校教师内部角色压力与工作效率和工作满意感是一组负相关关系函数

角色冲突和角色模糊都会导致工作效率降低、工作满意感下降。但是二者相比，角色模糊与工作效率、工作满意感的负相关程度更高。因为角色冲突会导致下属不知所措，往往要扮演两个或两个以上的角色，在有限能力的情况下，必然影响工作效率。如果一个高校教师，既要承担教学、科研任务，又要承担行政管理事务，甚至还要承担班主任、辅导员工作，那么他（她）就会处于顾此失彼的工作状态，工作效果和工作满意感不言而喻，虽然如此，但是他（她）始终处于工作状态。如果是角色模糊，则下属不知道他（她）处于什么位置，要完成什么任务？如果一个高校职员不能明确他（她）的岗位，不知道是教学、科研人员，机关管理干部或是后勤服务人员，他（她）就会成为流动性人员，工作需要时他（她）可以填补空缺，无工作时，他（她）可能就会处于串岗、闲聊状态。不仅对自己无工作效率和工作满意感可言，而且还会影响到他人。

3. 高校教师内部角色压力对组织承诺有一定的警示作用，但是角色冲突和角色模糊的具体表现不同

角色冲突与组织的规范性承诺和持续性承诺呈正相关关系，也就是说组织管理越严密、越规范并具有长期的稳定性，那么角色冲突就能有效避免，反之亦然。但是与情感承诺无显著的相关性。角色模糊与情感承诺呈负相关关系，也就是说，情感承诺越多，角

色模糊的程度越大，反之亦然。但是，角色模糊与持续性承诺无显著的相关性。著名学者巴柔蒂（Baroudi） 1985 年对不同行业的 229 名信息系统管理员的调查发现，角色冲突与角色模糊比较，角色模糊是一个非常重要的负性前因变量，对组织承诺和离职意向有一定的警示作用。

在现实的高校教师管理中，往往存在角色冲突和角色模糊"交叉感染"的现象，结果是角色冲突和角色模糊同时增大，导致组织管理效率和个体工作效率迅速下降，对于那些高度角色模糊的个体，随着角色冲突的增大，工作效率下降更快，而对那些角色模糊度低的个体来说，工作效率受角色冲突变化的影响会越来越小，甚至无影响。

四、决策参考：强化高校教师角色压力研究的基本路径

综观国外研究资料，有关角色压力的研究取得了不少研究成果，但是单纯研究角色冲突和角色模糊以及产生的不良后果的相关成果较多，而对角色压力本身的界定、与其他学科领域的交叉性研究成果较少。在剧烈的社会竞争中，我们常说，"没有压力就没有动力，没有动力就没有进步，没有进步就没有效果"，从这个角度来看，有关压力的积极效应方面的研究成果涉及很少。与国外相比，国内有关角色压力的研究明显不足，目前仅限于一些行业角色冲突、角色模糊和角色压力调查。就教育领域看，相关调查有：2005 年 8 月 27 日至 9 月 6 日，中国人民大学公共管理学院组织与人力资源研究所和新浪教育频道联合启动了"2005 年中国教师职业压力和心理健康状况"问卷调查；2005 年 9 月 6—8 日，中国青年报社会调查中心通过央视资讯 Epanel 会员系统实施了"中国教师的社会声望情况"问卷调查；2005 年教师节前，广州市团校穗港澳青少年研究所组织了"中国教师对学生的影响力"问卷调查等。有关调查结论引起了国内教育专家的高度关注。目前有关高校教师角色压力的深入研究成果不多。笔者认为，高校教师角色压力问题是客观存在的，为此提出以下思路：

1. 发挥高校人才积聚的优势，加大压力研究力度，全面认识和分析教师角色压力的积极效应和负面影响

强化高校教师内部的组织管理，推进校园文化建设，开展丰富多彩的文体活动，把压力变为动力，营造全校奋发向上的环境氛围。"人"是一切活动的主体，是管理体系中最重要、最活跃的因素。笔者认为，管理是一个综合化的概念，或者说是多种要素的集合体，所谓"管理"，不仅要管人，还要理人；不仅要管事，而且还要理事。只有"管好人、理好人、用好人"，才能创造出人间奇迹。只有"管好事、理清事、办好事"，才能提高工作效率，发挥教师团队的整合效应。

2. 构建教师合作团队，合理进行心理调适，从组织内部排除高校教师角色压力的负面影响

首先，必须根据高等教育改革和发展的必然趋势，规范教师岗位管理，明确岗位职责，从制度上排除角色冲突和角色模糊的现象，对教师个体提供明确的任务导向，从管理环节上减轻教师个体的工作压力。其次，高校教师是人才素质全面提高的重要承担者，如何适应新的形势要求，强化教师团队建设，构建合作团队，有效整合教师资源，提高教师队伍的整体水平是时代赋予高等教育管理者的重要使命。因此，只有通过高校管理者对教师和员工的有效管理和引导，才能使有密切联系的教学各部门、教学各环节进行相互配合、协调与合作，保证各项工作有条不紊地开展，达到以最经济的人力成本获得最佳的教师团队效应。

3. 关注高校教师角色压力的关联性研究，消除外部影响

角色压力在高校教师队伍中是一种常见的现象，并且角色压力与教师的需求、工作环境、工作的满意程度、组织的承诺、管理

制度的可行性、规范性、科学性等密切相关，这些关系处理不好，甚至会产生"跳槽、离职、改行"等现象，造成高校教师资源的流失，加剧中国高等教育大众化与教师资源短缺的矛盾。

研究总结

笔者认为，在新的历史条件下，必须重视关联性研究，应该重新定位现代高等教育社会化的基本内涵，全面认识和分析高校人才培养工作的艰巨性、多样性、复杂性和创新性。并结合高校教师的职业特点，对教师的压力状况、影响因素进行比较全面的跟踪调查研究，建立相关数据库资料，分析外部影响因素，排除外部干扰，为有效解决问题奠定坚实的基础。

第三节　高校教师团队心智模式
耦合路径的分析与探讨

问题评析

笔者在学习心智模式相关理论的基础上，结合高校教学、科研工作特点，就高等教育人才培养的运作过程中教师团队心智模式的概念、特点进行了分析和探讨，对团队心智模式的耦合路径选择提出了粗浅的认识和看法。

"心智模式"概念最早是由苏格兰心理学家克雷克在1940年

提出来的，这个名词后来被认知心理学家和认知科学家所采用，并逐渐成为企业经理人惯用的名词。在认知科学中，心智模式一方面是指人们的长期记忆中隐含的关于世界的心灵地图，另一方面是指我们日常推理过程中一些短暂的理解。而这种短暂的心智模式潜移默化、日积月累后，会逐渐影响长期根深蒂固的信念。随着认知心理学的兴起和发展，团队绩效中的认知成分问题逐步引起了学者们的关注和研究，其中团队心智模式是最近受到重视的一个团队的认知变量。其核心内容是：如果团队成员对团队所面临的新的任务情境、资源设备以及团队自身有充分而共同的理解，那么团队就有更大的可能实现有效运作。团队心智模式有利于理解不同团队其绩效存在的差异原因以及高效率团队运作的内在机制。本书就高校教师团队心智模式耦合问题进行一些分析和探讨。

一、高校教师心智模式与团队心智模式的内涵

在组织行为学中，心智模式是指个体对自己、对他人、对组织等各方面如何工作的信念和假设，其主要作用和功能是使个体能够对工作环境中所发生的行为和现象进行描述、解释和推论，并采取相关的行动或措施加以控制。因此，从本质上说，高校教师团队心智模式是经过教师团队组织的知识结构，使个体与环境之间相互作用，实现团队的远景目标。

最早将心智模式概念由个体层面推广到团队层面的是著名学者 Cannon、Bowers 等人，他们将团队心智模式定义为团队成员所共同拥有的知识与信念结构，并使团队成员能够对团队的任务形成正确的理解和预期，从而协调自己的行为以适应团队任务和团队其他成员的需求。就高等院校来说，教师在日常的工作中，工作任务完成后，团队成员之间必然会进行不同程度的交流和沟通，因此成员之间会逐渐形成对某些事物和现象作出相似性的描述、理解和归

因，在彼此的交流和沟通中能够使团队成员扩充知识范围，并加快知识的分享速度，随着交流和沟通的不断循环，使高校教师队伍中的团队心智模式逐渐形成。

二、高校教师团队心智模式的基本特点

高校教师是一个特殊的团队群体，在面对学生所做的各项教育、引导、服务工作中，既有任务分工的明确性，也有完成任务的团队合作性。因此，笔者认为高校教师团队心智模式具有以下特点。

1. 教师团队成员知识增长的动态变化性

就高校教师来说，团队知识的获得或增长，不是团队成员个人拥有知识的简单相加，而是成员之间互动的结果。所以获得或增长会产生 1+1 > 2 的效果。由于高校教师每个工作成员的工作环境都处于知识的"海洋"，因此与其他组织相比，知识的获得或增长具有天然的便利条件。由于每个教师成员的知识都处在不断的更新、变化、扩充的状态，所以对高校教师团队组织来说，新知识、新技能、新信息会在成员的互动过程中不断涌现，成为一种动态增长的变化状态。

2. 教师团队成员拥有知识的重叠性、差异性和独特性

就高校教师拥有的知识来看，具有明显的重叠性和非重叠性（也称交叉性和非交差性）。所谓知识的重叠性是指作为一名高校教师从事教学和科研应具备的基本技能和基本知识；所谓知识的非重叠性是指教师由于业务分工的不同，从事专业和研究领域的学科差异。就一所高校的教师队伍来说，成员所拥有知识需要重叠和非重叠两个方面，但是重叠和非重叠都存在一个客观的限度问题。过度重叠，将严重制约成员合作的效果，过度离散，将使成员之间的散失合作基础。因为，如果成员知识的高度重叠（交叉性）容易导致群体思维的盲目化和极端化（也称思维的一边倒现象），最终影

响团队目标的实现和绩效的达成。如果成员知识的高度离散（非交叉性），则必将导致群体思维的差异化和多角化（也称思维非相关现象），其结果是使群体成员成为相互无关的个体劳动者，无合作的基础条件可言。因此，高校教师队伍的团队心智模式可以认为是成员之间拥有知识同质性和差异性相并存的平衡状态。即需要成员之间共享的重叠性知识，又需要成员分享的非重叠性知识，同时还需要执行特定任务角色所需的独特性知识。

三、高校教师团队心智模式耦合路径战略性思考

从理论上说，在高等教育事业的发展进程中，如果教师团队中发展出分享性较强的心智模式，就会对团队运作和团队的效能产生积极的影响，提高团队成员之间的沟通质量，缩短对共同任务的理解时间，有效避免冲突发生的可能性。那么，如何实现高校教师团队心智模式的有效耦合？笔者认为，应重点抓好以下十个方面的工作。

1. 树立四种精神，反对四种倾向

一是树立创业精神，反对频繁跳槽的浮躁心态，组织需要的是忠诚；二是树立敬业精神，反对学校好坏与我无关的冷漠心态，组织需要的是激情；三是树立主动精神，反对不思进取，得过且过的麻木心态，组织需要的是办法；四是树立团队精神，反对相互拆台的个人本位心态，组织需要的是团队合作意识。

2. 确保教师团队构成的合理性

近来我国教育行政管理高层，针对我国高等教育存在的质量问题，提出了创建合作团队的建设性思想，并作为新时期提高高等教育培养质量的系统性工程来抓。但是笔者认为，在团队建设方面，不能盲目乐观。首先，从高校的教学职能部门来看，有文科学院、理科学院、科研院所等等多个部门。一所大学有数十个学科专业，隔行如隔山。所以，在团队建设的组织方面，要根据专业分工

的不同，构建合作团队，并且团队的规模不宜过大，因为规模过大不利于团队成员的沟通和协作，进而影响团队心智模式的形成。其次，要注意团队成员在经验、知识、技能、教育背景、学科、专业等方面的同质性和兼容性，大量的研究表明，同质性和兼容性越高，团队心智模式分享程度也越高。

3. 建立教师团队内部成员的轮流交叉培训制度

随着高等教育事业现代化进程的加快，对成员来说，传统单一的知识结构和服务不能适应未来的发展需要。因此，建立教师团队成员的轮流交叉培训制度是非常重要的，它是为了促进个体了解团队的运作方式及过程，体会彼此的任务及职责如何相互作用而实施的、以其他成员的任务和职责为培训内容的一种交叉性策略。借助交叉性培训，能使个体了解和掌握其他团队成员所扮演的角色，体会成员之间的相互依赖和相互作用，准确预测其他成员的需求，促进共享程度更高的团队心智模式的发展。

4. 有效发挥教师团队领导（带头人）的示范作用

中国有句俗话："村看村、户看户，群众看干部"，这表明领导干部对群众的影响是非常关键的。就高校教师队伍来说，由于领导在团队中有特殊的地位和作用，他的行为对团队的运作有很大的影响，因此，领导对团队心智模式的建立和达成具有重要的推动作用。领导的示范、指导行为以及与团队成员的有效沟通会促进团队成员形成一致的态度，当团队成员面临新的、具有挑战性环境时，领导是高效团队成功建立和运转的重要后盾。

5. 完善和健全考核机制，防止教师在教学、科研工作中"搭便车"行为

所谓"搭便车"行为是指在团队中，某些人不付出努力或少付出努力而获得与其他成员同等的荣誉或收益的不良现象。这种不良现象在高校教师中是普遍存在的，如学术科研成果挂名；在团队

成员的共同工作中混日子、消磨时光；会议、学习考勤代劳等。教师团队组织中存在"搭便车"行为必然会影响其他成员的工作积极性，对他人带来伤害。最终形成相互观望和攀比心理，影响团队的运行效率。因此，就高校教师队伍来说，管理者必须建立、健全和完善业务工作的考核机制，增强管理监控的透明度，铲除"搭便车"行为产生的土壤，才能创建良好的团队心智模式。

6. 构建教师团队成员之间的交流、沟通和互动机制

"交流、沟通和互动"是影响团队运作的重要因素，"交流"是达成共识的基础，"沟通"是解决问题的关键，"互动"是实现目标的重要纽带。高校教师团队成员之间必须建立开放、密切、多渠道的交流、沟通和互动关系，不仅有助于他们彼此间的了解，而且有助于他们对团队目标和任务的理解，还有助于解决成员对目标任务理解的差异性和离散性。所以教师团队心智模式的共享程度在很大程度上依赖于团队成员之间的交流、沟通和互动过程。由鉴于此，高校教师团队成员之间扮演的角色差异不宜过大。因为就一个组织来说，当角色的差异扩大时，那么团队成员的交流、沟通和互动就会减少，进而弱化团队心智模式的共享程度。此时，团队组织也可以通过加大团队之间交叉互动训练等干预措施来提高成员间交流、沟通和互动的质量。

7. 构建教师团队成员之间诚信关系

诚实守信是现代社会发展进程中对每一个公民的基本要求，也是衡量一个个体遵守职业道德规范程度的基本尺度。因此，信任是影响高校教师团队有效运作的一个重要变量。大量的研究证明，相互之间的信任程度与团队绩效、团队成员之间的满意程度以及相互遵守承诺等多方面存在着显著的正相关关系。团队成员之间的互信氛围是形成对团队任务情景共同认识的关键，团队中相互信任的影响因子包括个体因素和组织管理的实践因素两大方面。个体因素

包括团队成员个人的"知识、水平、能力、素质、道德"等；组织管理的实践因素包括"信息交流、知识共享、问题沟通、解决问题的态度、工作支持力度"等，在高校教师队伍的管理实践中，两者比较，后者对信任氛围的影响更为显著。所以管理者应从管理实践的角度积极进行团队诚信管理。

8. 培育教师团队成员的参与意识

就一个团队来说，缺乏成员参与意识的团队，肯定是死气沉沉的团队、运作效率低下的团队，缺乏战斗力的团队，甚至是被社会淘汰的团队。特别是在当今科学技术突飞猛进的环境条件下，团队成员的参与意识非常重要。特别是在团队发展计划、目标任务的制定、规划中，提高团队成员的参与意识，能够充分有效地整合团队智力资源，提高团队成员心智模式的共享程度。在团队工作遇到困难、处于逆境的时候，团队成员的参与有利于增加成员之间有效的沟通策略，有利于获得多方面解决问题的渠道和路径，有效缩短问题决策和解决的时间。在高校教学、科研管理的实际运作管理中，经常出现问题久拖不决的情况，有些疑难问题甚至是"会而难议、议而不决、决而不断、断而不行"的情况，这些现象的存在，从一个侧面反映了问题的不公开、不透明。有些问题是团队成员不知情，有些问题则是领导独断专行，个人说了算，最终导致具体执行中产生员工的抵触情绪。所以团队成员的参与程度是有效解决问题的关键。

9. 培育逆境中创新的团队意识

随着科学技术的发展，尤其是信息技术和互联网技术的发展和应用，正使得高校的教学和科研工作发生着深刻的变化，在这些变化过程中，高校之间的竞争也日趋激烈，不同的教师团队都将面临着新的挑战，有时许多问题会使我们陷入束手无策的困惑之中。这时需要我们每一个团队成员重新审视原有的合作思路、框架、机制和管理办法。变革管理学家认为：在面对困难时，要通过多种途径提出新的建议，如：引进团队合作的新面孔，重新分配权力，建立新的评价和奖励机制来鼓励团队成员完成变革所需要的行为，研究解决问题的新思路和新方法，寻求新的增长路径，形成新的战略。但是，管理学家对那些成功从困境中逆转团队的深入研究表明，这些措施仅仅是解决问题总体方案中的一部分。其中，危机状态中的管理层的团队心理状况与运作模式是一个同样甚至更加重要的方面。

一般说来，人们在面对困境时会有两种截然相反的反应。

第一种是"危机＋僵化"反应模式。在面对困境时进入这种反应模式的团队，管理层往往会处于保守心态，通常会单纯地把问题归因于外部因素的变化，而不去寻找组织内部存在问题。在决策时，为了稳妥，管理层会更多地依靠以往的决策路径和成功经验，不愿意冒风险进行大的变革，最后难以面对新的问题，使团队组织陷入瘫痪。

第二种就是"危机＋创新"反应模式。在面对困境时进入这种反应模式的团队，管理层会采用创新战略，积极解决问题。尤其是管理层对于团队组织业绩的期望超过上级或社会公众对组织业绩预期时，他们会自觉地试图通过改变团队组织惯常的运营模式来提升业绩。除此之外，管理层还会对合作思路、框架、机制和管理办法进行创新，积极扭转被动局面，开创团队合作的新未来。

笔者认为，高校教师团队在面对困境的情况下，管理层成员首先需要避免完全陷入到"危机＋威胁"反应模式中去，应该谨慎地将心态调整到"危机＋创新"反应模式。但与此同时，要结合团队组织自身的实际，排除贸然创新行为，避免"危机＋创新"心理状态下的盲目激进心理，把团队组织中简单的问题复杂化，进而影响团队创新的真正合作效率。

10.构建和谐共享型的教师团队文化

团队文化是团队成员心目中有关价值观念、追求目标、思想信念和行为规范的总和，它是团队成员获得成功的精神支柱。和谐团队文化的建设状况，不仅会影响团队成员的工作态度和行为，而且还会影响团队的目标、决策和思维方式。就高校来说，构建和谐共享型的教师团队文化，一方面要求团队领导要具有鼓励知识共享的理念，积极为团队成员营造一种全员知识共享的氛围。另一方面，要制定具体的管理措施，构建切合实际的引导机制，为团队成员提供必要的行动指南，引导团队成员树立合作促进竞争，竞争推动合作的信念，促进高校教师良好团队心智模式的形成和发展。

研究总结

笔者认为，在现代高等教育中，随着科学技术的进步、推广和应用，信息流量迅速扩张，知识的更新速度异常迅速，知识的获取方式和人才培养方式呈现出多元、多途径态势。在这样的条件下，个人的力是有限的，面对高等人才培养宽口径、厚基础、多能力的系统要求，必须结合不同的人才培养目标、创建攻关团队，发挥团队协作精神，逐一解决我们面临的现实问题，把我国高等教育的质量工程推向一个新的高度。

第四节　大学教师提高课堂教学效果的实践与思考

问题评析

教育创新是 21 世纪大学教育的主题，教法创新是教育创新的基础。语言不仅是大学教师传授知识、传授技能的主要载体，也是表情达意的重要工具，还是教学中灵活运用的一门综合性艺术。大学教师如何提高课堂教学的语言表达效果，那就是要有"语不惊人誓不休"的勇气和毅力；充分发挥语言表达的互动作用；把握教学情景升华的七个关键环节。

在人类发展的历史上，有一个世界知名的演说家，那就是列宁。伟大导师列宁同志的演说中那种不可战胜的逻辑力量，使人余韵长存。虽然他的逻辑力量有时让人们感到有些枯燥，但是他能紧紧抓住听众，一步一步地感动听众，然后把听众俘虏得一个不剩。列宁同志的演说逻辑好像是万能的，他能从各个方面把你钳住，使你不是投降，就是完全失败。作为一名大学教师，要达到伟人这种惊人的语言魅力，几乎是不可能的，就是你能达到，也不是一日之功。但是笔者坚信，只要善于学习、善于积累、善于总结，善于创新，持之以恒，必定对提高自己的教学能力有很大的帮助。在此结合自己从教 20 多年的教学经历和实践经验，就大学教师如何提高课堂教学效果作些粗浅的分析和探讨，以求教于同仁。

一、大学教师应有的勇气和毅力：语不惊人誓不休

有一位语言大师曾经说过："一言之辩重于九鼎之宝，三寸之舌强于百万之师"。笔者认为，作为一名大学教师，在教学工作中，既要敢讲真话，又要善于讲新话。心理学专家的研究表明：人们的大脑对各种信息的接收是有选择性的，人们往往对那些"新、奇、特"并和自己密切相关的信息最能入耳和入脑。就人类社会来说，社会在不断进步、时代在不断发展，事物在不断变化，大学教育也在不断创新。在知识、信息大爆炸，科学技术日新月异的今天，新的知识、新的信息、新的事物、新的经验、新的成就、新的教训比比皆是，大学教师在日常的教学工作中，只有结合自己的专业学科特点，善于观察、善于思考、善于总结、认真学习，用心备课，通过归纳整理，才能获得丰富的教学资料和教学案例，最终才能"以新取胜、以创服众"。只有把握学科学术前沿的理论动态，立足现实、展望未来，才能讲出新颖的观点，进而抓住学生的心理，在课堂教学中产生教师"教"与学生"学"的共鸣效应。

二、课堂教学的互动效果：不可小视的语言表达

语言不仅是大学教师传授知识、传授技能的主要载体，也是表情达意的重要工具，还是教学中灵活运用的一门综合性艺术。语言的表达技巧和课堂教学效果有着密切的关系。著名教育学家苏霍姆林斯基曾经说过："教师高度的语言修养，在极大的程度上决定着学生在课堂上脑力劳动的效率"。教师教学效果的好坏不仅涉及到教师的身份、学术地位、学术修养、授课的时间、地点、教学对象、教学内容、教学方式等诸多方面的因素，而且在语言表达的具体过程中，教师的形象、态势、风度、语法、修辞等，对增强授课的语言表达效果具有非常重要的互动作用。因此，大学教师在"一堂课"的教学组织中，要善于运用语言表达的综合性艺术来提升教师和学生的互动效果。

1. 仪表和态势——增强语言表达效果的基本前提

大学教师在课堂上，庄重朴实的外表、自信十足的态势、富有震撼人心的魅力讲解是增强语言表达效果的基本前提，与那种不拘小节、无精打采、有气无力的说教方式，是两种截然不同的教学效果。

2. 气质和风度——增强语言表达效果的重要基础

良好的气质是一个大学教师文化素质、文明程度、思想品德和道德情操的外在表现。风度则是内在气质的自然流露。良好的气质和风度，主要表现在饱满的精神状态、受欢迎的性格特征、流利文雅的谈吐、整洁洒脱的仪表，潇洒自如的表情动作，是吸引学生注意力的重要因素。

3.层次与格调——增强语言表达效果的关键要领

大学教师在课堂上，必须做到层次分明、格调得体，才能上好"一堂课"。首先，要有清晰的思路、熟习自如的授课内容，把握教学内容的重点和难点。其次，要注意语言运用的把握，做到课程讲授中吐字清晰，干净利落，自然流畅，不写和不说错别字，不说外行话。再次，在语气的运用上，要把强调、突出、强化的内容及其含义表达清楚。最后，在语言节奏的运用上，要注意起伏跌宕、快慢有度；该快则快、该慢则慢、该停则停，断句准确，少用或不用长句，以免学生跟不上趟。

4.语法和修辞——增强语言表达效果的必要措施

语法是研究和分析句子的构成要素，而修辞则是增强句子表达效果的辅助方式。大学教师在课堂教学中，要做到深入浅出，寓教于乐，要把抽象的理论用通俗生动的语言表达出来。对问题的解释要有严密的逻辑性，不要前后自相矛盾，或用概念解释概念，要符合语法结构，防止学生对问题的误解或产生歧义。

5.修辞手法的巧用——增强语言表达效果的重要手段

修辞手法的运用是大学教育中常见的现象，运用恰当，能收到好的效果，如果运用失当，效果则会相反。大学教师在课堂教学中可根据学生专业方向的不同和课程的学科特点，有选择地运用比喻、夸张、排比、对比、双关、设问、反问、对偶等修辞手法，增强课堂教学的语言表达效果。有时也可以运用名言、名句、文言等增强授课的艺术美感。

三、教学情景的升华途径：必须把握的几个关键环节

课堂教学的基本目的是：通过学生的课堂学习，使学生有所学→有所获→有所思→有所求→有所悟→有所创→有所新。给学生在思想认识上的启迪，在精神境界上的升华，在专业素质上的提升。笔者认为，大学教师要上好"一堂课"，应注意把握以下几个关键环节。

1. 有的放矢看对象——突出课堂教学组织的针对性

以学习者为中心是建构主义学习理论的基本要求。建构主义认为，知识无法象货物一样直接传输给学生，科学概念的学习必须由学生参与整个学习过程，重建构（Reconstruction）知识的意义①。所以，在课堂教学中，教师要把自己施教的"箭"对准学生心中的目标。因为专科生、本科生和研究生以及成人和日制的教学要求不同，教学计划不同，培养目标有别。所以授课时，首先要考虑学生的成分，并根据授课对象的文化层次、知识水平、年龄结构、人数的多少等因素，考虑授课讲话的角度、把握教学内容的理论深度和学生的接受能力，抓住多数学生的视听心理来组织课堂教学，突出课堂教学的针对性。

2. 协调得体观场合——培育学生的适应能力

教育专家认为：教师的教学实践也是教师生命延续与体验幸福的基本过程，"教育：人的目的；教育：人之生成；教育：人对人的活动"②，从教育实施的过程来看，教育研究关注的重点是人；教育实践面对的是人；激发生命价值的对象还是人。如果教师授课不看对象，好比对墙讲话。如果不注重场合，不区分对象，不仅不能获得好的效果，甚至会闹出笑话。所以，教师在课堂讲授中，在语言

---

① 参见袁维新：《科学概念的建构性教学模式与策略分析》，《教育科学》2007 年第 2 期，第 24 页。

② 王啸：《教育人学内涵探析》，《华东师范大学学报（教育科学版）》2006 年第 1 期，第 23—29 页。

表达的手法、技巧、用词、语气、表情等方面，要协调得体，注意观察学生的反应，择机而行，努力抓住学生的兴奋点，发挥学生学习的主观能动作用。

3. 一鸣惊人开好头——创造"先入为主"的优势效应

建构主义学习理论强调，教师在课堂教学中，要创设冲突的学习情景，设计冲突的教学环节，如果是这样，结果如何、如果不是这样，结果又如何？学习的发生目的在于解决认知冲突（Cognitive Conflict）或者消除教育对象认知心理不平衡（Disequilibration），在课堂教学中，认知冲突的解决会引起学生重新构建认知结构，从量变到质变的过程，改变原有的认知结构（Driver etal, 1994）[1]。因此，个人学习被视为现有概念与新概念互动作用的结果，而不是新概念的积累过程（Millar, 1989）[2]。笔者认为，大学教师在课堂教学组织中，把握好学生的情绪，就是成功的开端。一般来说，教师授课开始，学生的心理和注意力都比较集中，期望值和好奇心也很高涨，在这个黄金时段开好头非常重要。只有这样，才能吸引住学生。要开好头，从常规上讲应当注意的问题：一是不讲多余废话、不自责、不自谦。最好单刀直入，开门见山，把本次课的"主要内容、主要观点、主要方法、基本学习要求"用简洁的语言告诉学生。二是要善于用新颖的手法，根据课程内容的要求和特点破除千篇一律的教学模式，以新颖的方式开头、引起学生的好奇心，达到一鸣惊人的效果。

4. 突出中心扣主题——给学生明确学习的主次关系

从教学论的基本原理审视，教学活动是一个蕴涵目的的价值实

---

[1] Driver, R., Asoko, H., Leach, J., Mortimer, E., & Scoti, P., Constructing Scientific Knowledge in the Classroom, *Educational Researcher*, 1994，23（7），pp.5–12.

[2] Millar, R., Constructive Criticisms., *International Journal of Science Education*, 1989（11），pp.87–596.

现过程。作为教学目的性的外显，教学目标投射出教育者的价值选择与目的预设，凝结着课堂教学实践的理想追求。教学目标承载的多种意义，无疑使之成为教学设计与实施的出发点和归宿[①]。作为一名大学教师，在课堂教学中，应突出中心，明确主体，让学生清楚明白学习内容的主次关系。授课不能跑题，不能离开中心，要把握重点和难点，明确教学方向，要善于围绕教学内容突出重点和难点，不能东拉西扯，信口开河，一定要主次分明、详略得当，先讲什么、后讲什么，重点是什么，难点是什么？要做到心中有数，游刃有余。

5. 分寸有度扮角色——活跃课堂气氛的催化剂

作为一名大学教师，在不同的教学场合，不同的教学课程、不同教学章节都有不同的教学要求，面对不同的教学环境、不同的教学对象，所扮演角色是不同的，但是不管是什么角色，都存在一个角色转换、分寸适度的问题。如：课堂讲授，以教师为主、学生为辅，教师是知识的传递者，问题的解说者，学生是知识的接受者，问题的思考者；课堂讨论，以学生为主、教师为辅，要为学生创造阐明自己观点的机会；让学生尽情发挥，相互辩论；课堂提问，教师和学生是平行的主体，二者都充当了对话角色，教师和学生不仅是问题的制造者，学生和教师也是解答问题的"使者"；课堂练习，教师是一个观察家，学生则是一个实战的"运动员"。

在课堂教学过程中，教师要通过分寸有度的角色变换来激发学生的学习热情，使学生由"被动教育"向"主动学习"转变，由"学会知识"向"学会学习"转变；由"掌握技能"向"创新技能"转变。

6. 长短适宜控时间——达到收放自如预期效果

讲话精练受到学生欢迎，讲话啰嗦会使学生反感。教师授课

[①] 参见李维等：《多元整合："教学论视域中的大学实验模式探究"》，《高教探索》2007年第5期，第82页。

时，要根据课程的内容、主题、对象等因素，注意把握和控制讲授时间。该长则长、该略则略，宜简则简，做到放得开，收得拢。上课跑题，漫无边际，是老师的一大忌讳。无论是长话或是短话，都要注意语言的净化和纯化，善于把握时机和抓住学生的心理，给学生思考问题留有余地。在现实的教学工作中，往往存在这样的情况，老师在台上不顾一切，高谈阔论、瞒天过海、甚至不着边际，而学生在台下要么昏昏欲睡、要么窃窃私语、要么交头接耳等现象屡见不鲜。形成"教""学"两张皮，各人顾自己。因此，提倡大学教师"讲真话、说实话、讲新话、说短话、重实效"的启发式教学是现代大学生对大学教师们的期望。

7. 留有余地结好尾——为学生留下一个美好的回忆

一堂高水平的授课，决不是我行我素、虎头蛇尾，前松后紧，或者是讲到哪里算哪里。要达到完美的教学效果，新颖的开头和精彩的结尾是非常重要的。当然，文无定法，结尾方式多种多样，达到言犹尽而意无穷的境界，则是最好的结尾方式。

研究总结

笔者认为，在高等教育的人才培养过程中，方式方法多种多样，但是我们不能否认，学生知识的获得、技能的培养以及健全人格的形成，课堂教学仍然占有主导地位，是人才培养目标实现的关键步骤，大学教师在课堂教学过程中，如何组织、如何发挥，应根据教师本人的教学习惯、受教育者具体情况确定。但是有一点共同的，这就是每一堂课都应有几个兴奋点，当授课的内容达到高潮时，再以简洁、有力、感人、耐人寻味的话语结束授课，给学生"留有余韵、不留悬念；留有启示、不留疑惑；留有思考、不留遗憾"，这是大学教师高水平教学的重要表现。

第五节　本科导师制：一个来自欠发达地区高校的实践报告

问题评析

1999 年我国高校扩招以来，高等教育规模和速度持续增长，使我国的高等教育从"精英教育"阶段跨入"大众教育"阶段。在高等教育的大众化进程中，如何从"理论和实践、学习和研究、观察与思考、学校与社会"的高度，探索提高本科生培养质量基本路径，是我们每个高等教育工作应该认真思考的问题。

随着我国高等教育体制改革的不断深入，高等教育实现了由"精英教育"向"大众教育"的突破，高校招生连年扩招，使我国普通高校在校本、专科生规模由 1998 年的 340.9 万人增加到 2006 年的 1738 万人[1]，2009 年我国的高等教育在校人数达到 2826 万人，规模居世界第一位，毛入学率达到 24.2%[2]。数据表明我国已进入了国际公认的高等教育"大众化"发展阶段，这是我国高等教育体制改革取得的可喜成绩。但是在成绩的背后，也出现了令人担忧的

---

[1]　参见国家统计局：《中国统计年鉴（2007）》，中国统计出版社 2008 年版，第 354 页。

[2]　参见《教育规划纲要》工作小组办公室：《教育发展规划纲要辅导读本》，教育科学出版社 2010 年版，第 28 页。

问题，突出表现在本科生培养质量有所下降。对此教育部下发了〔2001〕4号文件《关于加强高等学校本科教学工作提高教学质量的若干意见》，文件就加强教学工作明确提出了12条针对性很强的要求。2004年下半年，中共中央、国务院16号文件《关于进一步加强和改进大学生思想政治教育的意见》中明确指出：加强和改进大学生思想政治教育的基本原则"要坚持解决思想问题与解决实际问题相结合"。在第二次全国普通高校本科教学工作会议上，时任教育部部长周济同志强调指出：质量是高校的生命线；要深刻认识和处理四个重要关系；求真务实，真抓实干，重点抓好八个方面的工作。2005年1月，教育部下发了1号文件《关于进一步加强高等学校本科教学工作的若干意见》，要求高等教育要全面贯彻落实科学发展观，切实把重点放在提高质量上。2007年年初，教育部、财政部联合下发了2007年1号文件，决定实施"高等学校本科教学质量与教学改革工程"，同时教育部细化实施方案以2号文件下发了《关于进一步深化本科教学改革全面提高教学质量的若干意见》。将党中央、国务院的决策部署进一步落实在行动上。因此，从"理论和实践、学习和研究、观察与思考、学校与社会"的高度，探索提高本科生培养质量基本路径，是我们每个高等教育工作应该认真思考的问题。我们认为，把导师制向下延伸，实施本科生导师制是积极应对新形势下高校"培养什么人，如何培养人、造就什么人，如何造就人"的新举措。现就我院实施本科生导师制以来的有关情况、取得的阶段性成果以及财经院校实施本科生导师制的必要性和紧迫性，作些分析和研究，与同仁共同商榷。

一、在新的历史条件下，财经类院校实施"本科生导师制"的必要性和紧迫性

时代的变迁，要求人才培养模式的创新；社会的进步，要求人才的培养从"应试教育模式"向"素质教育模式"转变。在经济全球化的大趋势下，人与人、人与社会、人与自然的联系比任何时候都更加紧密，客观上要求财经类人才的培养必须有新的突破。笔者认为，财经院校实施本科生导师制是从"应试教育模式"向"素质教育模式"转变的一种新尝试。

1. 理论和实践的有机整合，需要实行本科生导师制

随着我国经济体制改革的不断深入和对外开放的不断扩大，财经类人才的培养，无论从内容、渠道、方式等多方面考察，更为宽泛。我国财经类人才的培养客观上存在一个理论和实践的整合问题，并且这种整合作用日益凸显。所以整合水平的高低，直接决定着一所高校的人才培养质量、社会适应能力和市场的竞争力。面对新的形势，高校教师不仅要向学生传授专业理论知识，具备一定的学术研究能力，而且更为重要的是注重学生专业实践技能和综合素质的培养，以适应不断变化的社会就业需求。因此，不仅要让学生掌握学习的基本方法，而且更要注重培养学生学会做人的基本方法。著名教育学家陶行知先生曾经指出："千教万教，教人求真，千学万学，学做真人"。面对千差万别的学生，如何根据学生的具体情况，确定发展向导，是高等教育界需要探讨的现实问题，笔者认为，实行本科生导师制是实现理论和实践有机整合的一种有效方式。

2. 解决教材的时滞问题，需要实行本科生导师制

教材时滞问题是世界各国教育领域普遍存在的现象，区别在于时滞的长短不同，近几年来我国高校教材建设力度的不断加大，时滞有效缩短，但是我们不能否认时滞现象仍然存在。因为相对稳定的教材体系和随时变化的新情况本身是一对矛盾。如何解决这对矛盾，一方面需要教师在教学实施过程进行教学内容的更新，另一方面，需要有专人对学生有意识、有目的、有意图的进行学习引导，增补教学和学习内容，使学生在变化中把握新内容，了解新动

向，在成长中具备适应社会需要的新能力。所以，有效解决教材的时滞问题客观上需要实行本科生导师制。

3. 提升学生毕业就业的社会适应能力，需要实行本科生导师制

随着我国高等教育改革力度的加大，"交费上学，自主择业"已逐步成为人们的共识，就业难已成为高校毕业生面临的严峻考验。目前存在的表象是我国人才培养过剩，使一些毕业生找不到工作。实际上存在三个实质上问题：一是高校人才培养相对稳定的专业结构与千变万化的人才市场需求之间存在供给与需求的错位现象。二是用人单位人才高消费动机加剧了高端人才之间的竞争，导致中、低端技术人才供需严重错位。三是很多大学毕业生的就业心态不正常，普遍存在高期望的就业心理预期，使自己陷入"高不着，低不就"尴尬境地，有的学生在就业的考验中甚至处于"高分低能、眼高手低"的被动局面。因此实施本科生导师制是提升学生毕业就业社会适应能力的客观要求。高校只有针对学生的个体差异，进行有针对性的指导和培养，使学生调整心态，全面认识社会，勇于"正确评价自我，正确定位自我"，形成"先就业，后择业"的基本观念，这是提升就业率的关键所在。

4. 毕业生的继续深造，需要实行本科生导师制

1999 年来，随着高校扩招，研究生教育也获得空前的发展，在校研究生规模由 1998 年的 19.89 万人上升到 2009 年的 140 多万人[1]。虽然本科毕业生继续深造的机会有所增加，但是这并不意味着每个本科毕业生均有上研究生的机会，因为 1998—2009 年的 11 年间，研究生占本科生的比例从 5.54% 提高到 4.95%[2]。相对于庞

---

[1]　根据《中国统计年鉴》(1999 年) 和《国家中长期教育发展规划纲要》(2010—2020 年) 有关数据计算。

[2]　根据《中国统计年鉴》(1999 年) 和《国家中长期教育发展规划纲要》(2010—2020 年) 有关数据计算。

大的本科生群体，能上研究生的毕竟是少数。目前存在的问题是：一些毕业生在报考院校、专业的选择上比较盲目，有的考生甚至非名校不考，专业调剂不读，这必然加剧了各高校招生计划与报考生源之间的矛盾。因此，辛勤学子要想获得成功，客观上也存在一个引导问题，必须实施导师制，并根据毕业生的具体情况，对弱势项目确定专人进行有针对性的辅导，在报考院校、专业的选择上由导师提供必要的帮助，才能有效提高研究生升学率。

二、我院实施"本科生导师制"的基本实践

经济学院是云南师范大学于 2000 年 8 月成立的一个新兴学院，原名为金融财政学院，既是学校唯一的非师范类主体学院，也是学校最大的学院。2007 年 6 月为了进一步适应云南财经类人才培养的市场需求，学校党委研究决定在学校范围内进行经济和管理学科办学资源整合，在金融财政学院基础上筹建成立了经济学院，2009 年 5 月为进一步适应专业硕士教育的需要，经学校党委批准更名为经济与管理学院，资源整合后，学院办学条件明显改善，师资力量进一步增强。截至 2010 年年末，全院教职工 74 人，其中：教授 22 人，副教授 25 人，博士 18 人，博士生导师 2 人，硕士生导师 28 人。在校日制生规模 1640 人，其中：硕士研究生 180 人（MBA 专业硕士 112 人、学术硕士 68 人），日制本科生 1460 人，是云南师范大学本科生规模最大的学院。

目前设有经济学、市场营销、国际贸易、金融学、财政学、会计学、财务管理 7 个本科专业；拥有应用经济学一级学科硕士点，设有 MBA、经济学、区域经济学、金融学财政学、产业经济学、国际贸易与金融 7 个二级学科硕士点；并以教学科研团队建设的基本思路组建了 3 个综合研究中心，5 个专业研究所。学院成立及更名 10 年来，在云南省教育厅和学校高度重视和支持下，学院致

力于改革、创新和发展，先后进行了工商管理类"2+2"人才培养模式；国际贸易中外合作"2+2"人才培养模式；会计学、金融学"3+2"专升本人才培养模式；教师《教分制》改革实施方案等一系列教学和管理改革，取得了显著的改革效果，2003年10月，我院根据毕业生的就业形势，在前期改革的基础上，全面推行了大二本科生导师制度。

1.做好顶层设计，推进质量工程建设

根据教育部和学校关于进一步提高本科生教育质量的基本精神，学院制定了《本科生导师制管理条例及实施办法》。并聘请有关专家对导师制内涵、标准、导师和学生的责、权、利进行了论证和界定，并经学院教学委员会和学术委员会讨论通过，下发文件执行，为我院导师制的顺利实施奠定了良好的基础。

2.根据本科生人数遴选导师队伍

学院根据每个导师指导10—15名学生的基本标准，从教师队伍中选聘30多人政治素质强、科研业绩突出的具有讲师以上职称或具备硕士以上学位的教师组成导师队伍，为学生的特长发展和全面发展，顺利完成学业和继续深造提供指导性服务。学生从"大二"开始，进入导师指导系列，学院向学生公布导师名单，由学生自主选定导师。在导师的指导下，使学生真正明确学院各专业的培养目标和培养方向，特色人才的培养路径等。

3.根据学生的实际情况，实施"分流、分类"指导的基本原则

所谓"分流"就是学生从"大二"开始分为"就业型"和"深造型"。所谓分类指导就是根据学生的不同专业进行分别指导。学生可根据自身实际情况，在"就业型"和"深造型"之间进行自主选择，也可以根据学生的需要进行交叉指导。

4.制定灵活的导师变换制度

在学生选定指导教师后，通过一学期的指导，如果学生根据

自身实际需要或者认为选定的指导教师不满意时，可提交书面申请提出更换指导教师，申请报经学院教学委员会批准，可以进行更换。更换指导教师在条件允许的情况下（指所选教师的指导的学生人数未超过规定人数），可由学生直接选定，条件不具备时，则由学院按照学生的要求进行指派。

5. 规定宽泛的指导内容

导师指导内容涉及学生的思想品德、学习方法、职业规划、科技活动训练和竞赛，撰写学术论文、大学生创业计划、科研训练课题、专业学习，考研《数学》和《英语》强化辅导、国家职业资格认证考试等。

6. 制定严格的多项考评制度

为了避免导师制流于形式，学院制定了严格的考评制度。一是导师每学期必须提交一份指导工作报告，必须说明所指导学生的变化、取得的成绩或收获，指导中遇到的问题和解决措施。二是学生必须提供在导师指导下的成果，如：撰写的论文、发表的成果、创业计划、立项资助课题、国家考证、考级证书、获奖材料或者能说明指导效果的材料等。三是学生必须在规定的时间内进入网上评价系统对导师及任课教师作出评价，评价等级为"很满意、满意、基本满意和不满意"四个档次。学院对很满意的导师进行表彰奖励，对基本满意的导师进行黄牌警告，对不满意的导师和连续两次黄牌警告的导师取消导师资格。

三、我院实施"本科生导师制"以来获得的阶段性成果

财经院校实施本科生导师制是适应市场经济条件下，高校人才培养的新生事物。需要在改革发展进程中进一步完善。我院实施"本科生导师制"近七年来，初步建立了导师制与学生思想品德教育相结合；导师制与教学内容改革相结合；导师制与学生全国职业资格认证考试相结合；导师制与毕业生就业指导相结合；导师制与毕业生考研深造相结合；导师制与学生个性化能力培养相结合等六大学生"素质教育"培养体系，取得了一些阶段性成果。

1. 在全院初步建立了教师和学生良性的"教"、"学"互动关系

实施导师制后，师生关系更加密切，学生对老师的可信度进一步提高，学生主动性学习、思考性学习和创新性学习的积极性提高了。在导师和学生之间建立良好的师生关系，多数学生能够正确认识自我，明确自身的优势和劣势，并在导师的指导下努力寻求符合自身实际的学习方法，发挥优势，克服劣势，明确努力的主攻方向。学生和入校时的"大一"相比，发生了三个显著性变化：一是由盲目跟从走向谨慎对待；二是由浮躁夸张走向冷静求实；三是由焦虑不安走向积极应对。学生能根据自己的实际情况，规划后三年的学习计划，设计理想目标。在全院形成了"教"、"学"沟通→"教"、"学"知心→"教"、"学"相长的良好氛围。

2. 学院建立了学生思想政治工作和德育工作的长效机制，全院形成了德育全员化的良好环境

实施导师制以来，我院从未发生过重大安全、责任事故，学生中助人为乐、帮贫助困、拾金不昧等好人好事层出不穷，打架斗殴、酗酒闹事、考试作弊、偷盗等违规违纪现象明显下降，在全院形成研究生带动本科生的良好局面。在政治上积极要求进步学生明显增加，据不完全统计，在全院1640多名学生中，有党员237人；约占学生人数的15%，另有200多人向组织递交入党申请书。在学校每年组织学生综合素质测评活动中，我院学生获得三好学生标兵、三好学生、优秀学生干部、单项奖励等人数历年增加，2002—2009年分别为：26、63、111、139、152、164、176、186人。先后有80多人次获得省级表彰奖励。在学校举办的历届冬季运动会比赛项目中，我院学生保持了学校龙泉路校区男、女团体总分前3

名以上的好成绩。

3. 全院师生间形成了良好的学术气氛

实施导师制以来，我院导师从不同的专业角度，举办学术专题报告 160 多场，外聘专家学术报告会 60 余场。2002—2009 年，学院根据学术科研的实际需要，分别组建科研团队，在学校科研处组织的年度科研考评中，我院保持了文科学院前三名以上的优异成绩。在导师的指导下，学生积极进取，成果喜人。据不完全统计，在云南省第一、二、三、四届"红塔"杯大学生创业计划大赛中，我院组织学生 280 多人组建 42 个学术团队，报送竞赛项目 43 项，获得省级奖励 6 项、校级奖励 25 项，在学校举办的大学科研训练基金项目申报活动中，我院组织学生 250 余人先后组建 34 个学术团队，2005 年（第一届）报送竞赛项目 12 项，立项资助 7 项；2006 年（第二届）报送竞赛项目 17 项，立项资助 9 项；2007 年（第三届）报送 19 项、立项资助 12 项；2008 年（第四届）报送 15 项、立项资助 9 项；2009 年（第五届）报送 17 项、立项资助 7 项；2010 年（第五届）报送 15 项、立项资助 11 项。立项资助立项率居学校之首。全院大二以上学生每学期按照导师要求完成学术论文习作一篇，历年毕业论文的发表率保持 10% 以上的水平。

4. 全院毕业生形成"转变观念，找准定位"的良好态势

在导师的精心指导下，一方面毕业生能充分认识自我，找准定位，鼓励学生向"双证"和"多证"方向努力，提高就业竞争力，在就业选择上普遍形成了"先就业、后择业"的基本观念。另一方面在毕业深造上，明确努力方向，确定奋斗目标。2004 年实施"导师制"以来，我院按照自愿原则，先后组织 352 人参加微软公司计算机应用能手认证考试，321 人通过，合格率 91.2%，组织 135 人参加全国保险代理人职业资格考试，98 人通过，合格率 72.6%；组织 182 人参加全国会计从业资格（初级）认证考试，100

人通过，合格率 55%；组织 70 人参加中国人民银行举办的初级金融英语水平认证考试，43 人通过，合格率 61.4%。2006—2010 年本科毕业生报考研究生人数逐年增加，占毕业生人数的 25%。考研升学率约为本科毕业的 7%。实施本科生导师制以来，我院的毕业生就业率显著提高，2004—2010 年年末，研究生就业率 100%；本科年末综合就业率分别为 58%、88.74%、89.6%、92%、95%、97%、95%，每年 7 月末的初次就业率约为 80%，在云南省高校相近专业中名列前茅。

研究总结

笔者认为，财经类院校实施"本科生导师制"不仅是新的历史条件下，强化本科人才培养的客观要求，而且是积极应对新形势提高本科生培养质量基本路径。我院实施导师制以来，取得了可喜的成绩。但是，目前还存在教师对"本科生导师制"认识不全面、导师力量不足、导师工作与教学工作时间保障上的矛盾、导师工作量的科学认定等诸多问题，需要我们在改革和发展中进一步研究解决。

第五章　公共关系及社会评价

——高校创新发展的时代性延伸

第一节　高等教育创新：应对知识经济的挑战

问题评析

　　创新是高等教育可持续发展的动力基础，是现代高校制度变迁的主导形式。高等教育创新包括目标创新、管理创新和教育服务创新等层面的内容。成功的高等教育创新不是主观随意的行为，它必须着眼于社会人才市场需求的变化，不断增强高校的社会适应能力，并获得社会的认可。为此，必须以引导和培育创新型人才作保障。

　　21世纪的人类社会正向知识经济社会阶段迈进。在这个以知识为核心动力的新的社会经济形态中，充满着风险、危机、突变、不确定性和不可预测性。只有不断创新才能创造解决问题的新方式、新手段和新的运行机制，以随时把握机遇，化解风险，提高生存能力。就现代高校来说，也只有不断依赖创新才能扫清前进道路上的障碍，获得新的发展动力。因此，高等教育创新作为一门行动的科学，无论是对高等教育现代化的实践，还是高等教育的专业设置、学科建设和日常的教学常规管理，都是一个新的、具有重要认识价值和指导意义的论题。

一、创新：现代高校制度变迁的主导形式

高等教育创新是高校管理体制变革的一种特定形式，它以明确的提高人才培养质量目标为导向，通过采用新的技术方法、新的办学思路、新的教学业务流程实现高校的功能再造，以解决当前高校存在的体制问题，建立新的运行机制，实现高校教学资源的优化配置，增强对国家社会经济发展的有效的人才供给能力，从而高效推动高等教育事业的发展，创新是高校生存和发展的动力。从我国高等教育体制改革的历史看，不能说高校从未有过创新行动，譬如：高校办学体制、结构的调整、专业学科的规划和构建、高校后勤社会化改革等，都取得了显著的效果。只不过是我们的创新行为跟不上时代发展的要求。到了高等教育"大众化"的发展阶段后，特别是我国加入 WTO 后，高等教育业对外开放度的提升，全球教育竞争的加剧，高校的改革和创新被提到了高等教育事业可持续性发展的重要议事日程。在当代的社会发展中，知识越来越成为经济发展的重要资本，人才越来越成为一个国家、一个行业、一个企业竞争的关键因素。在知识经济社会，社会组织与管理的作用在于使用知识，而知识的本质是迅速变化的，知识的快速变化主要不在于积累速度的加快，而在于更新、转换速度的加快。这就使得高等教育创新成为以知识管理为核心的高等学校的发展和高校社会形态转型的主导形式和重要发展动因。

在我国，高等学校的生存和发展面临着更为复杂、多变的国际竞争环境。首先，从经济体制的角度看，我国的社会主义市场经济体制刚刚确立，要实现预定的改革目标还有一个相当艰苦的旅程。在这个过程中，计划教育的观念和行为并没有完结，它带给人们的影响还远未消除。其次，从社会经济发展形态看，我国正处于工业化阶段的中期，知识经济初见端倪，为了应对经济全球化浪潮和知识经济的挑战，中国经济必须走以信息化、通过知识化带动工业化，实现经济跨越式发展的路子。要实现这一目标，必须发挥高等学校群体的引领作用，实现社会教育资源的优化配置，进而实现社会人才资源配置的最优化。我国社会形态和经济发展阶段的复合性和特殊性，使得高等学校的生存和发展面临着复杂而变化的环境，要么在不断创新中生存和发展，要么在守旧中停滞和衰亡。因此，高等学校只有不断探索和创新，才能满足国家经济、社会发展的人才需求，才能应对知识经济的挑战，在知识经济发展的浪潮中立足和发展。

二、认识和分析：现代高校创新的主要内容

1. 目标创新

高等学校目标创新就是要明确准备做什么和做到什么程度的问题。长期以来，我国教育界进入了崇尚中专学校升专科→专科学校升本科→单科院校争综合，有了硕士点争博士点，有了博士点争博士后流动站的理论怪圈。从提高人才素质，教育发展的角度看，这固然没有错。但是在此基础上分析，我们是否考虑过对社会人才需求服务的针对性、适应性和深入性问题？从世界发达国家高等教育的发展实际看，高职和本科人才教育仍然高等教育发展的主流，对我国这样一个发展中大国来说更是如此。我们要在最短的时间内，把最需要的人才传输给最需要的用户。我们必须明确"人才培养成本"是一所高校绩效管理的核心问题，人才培养成本不仅是衡量高等学校投入产出比的根本尺度，而且也是考察一所高校人才产品创造率、社会就业率（市场占有率）和社会效益的重要参照系。因此，在高等教育的竞争中，人才培养成本管理的核心是由"总成本领先"向"为用户创造用人价值最大化"方向转变。

2. 管理创新

"人"是一切活动的主体，是管理体系中最重要、最活跃的因

素。因此，只有通过对人的有效管理，才能使有密切联系的高校各部门、各环节进行相互配合、协调与合作，保证各项工作有条不紊地开展，最终达到以最经济的人力成本获得最佳的工作效率。"人性化"管理正是从人的"作用→需求→动机→相互关系→社会环境"等多方面出发，致力于做好人的工作，沟通和协调人的关系，强化人的责任感、调动人的积极性、激励人的创造性、开发人能力的潜在性，提高工作效率，以有限人力资源达到服务效率最大化、经济效益最大化。

　　人性化管理是以"人性原则"为基础的管理，其管理理念有三个层次的递进涵义：第一是表层：重视人的情感、情绪等因素；第二是中层：从人是物的附属品转到人是支配、主宰物的主体，从以物为中心到以人为中心；第三是核心层：人既是被管理者、又是管理者。只有通过管理者和被管理者的良好沟通，形成二者的互动关系，才能获得强大的团队力量。现代管理学家普遍认为，管理的对象是人，管理内容不仅在于"管人"，更在于"理人"。"理人"包含着领导与员工之间、员工与员工之间、上下级之间有良好的沟通、真诚的对待、发自内心的关怀、尊重、理解和支持他人发展等丰富内涵。俗话说："没有规矩，不成方圆"。但是，如果人的积极性未调动出来，规矩越多，制度越细，管理成本越高，负面效应越大。好的制度能为组织的稳定发挥"铆钉效应"（Rivet Effect），对各项业务的拓展发挥"平台"作用。因此，21世纪高等学校的内部管理，应当是以"核心层内涵"为基础的人性化管理。具体来说就是高校的管理者不仅要依据相关的高等教育法律、法规和完善管理制度的实施为有效管理奠定一个基础平台，而且还要通过组织内部重视团结人员、灵活运用各种语言、疏导不良情绪、处理好各种人际关系，树立高等学校管理者良好的形象等方法和手段，充分调动员工的积极性、创造性、潜在性，从而达到管理目标的行为过程。由于这种管理方式是在充分了解人性的优点和弱点，并善于克服其弱点、更好的发挥其优点的基础运作，因而称之为高等学校的"人性化"管理，它不仅能发挥高等学校内部制度约束和利益驱动的有效作用，而且能更好地发挥高等学校的团队效应。

3.教育服务创新

随着社会信息化程度的不断提高和网络信息技术迅速发展和运用，高等学校面对育人环境充满着激烈的竞争和巨大的压力，21世纪受教育者对教育服务的需求呈现出多元化、个性化、复杂化、综合化和高效化等多种发展趋势，对高等学校的教育服务提出了越来越高的要求，受教育者渴望学校为他们提供经济的、知识和信息广泛的、内容新颖而丰富的、有利于成才的教育服务，面对受教育者需求的变化，要求的提高，高等学校必须不断强化系统管理，更新观念，树立"学生第一，用心服务"的办学宗旨，建立"以受教育者满意为核心、以高尚的思想为指导、以良好的行为规范为准则、以优质的教学服务为内容"的 CSS 管理系统（Customer Service Satisfaction），精心追求"三零"服务，即"零距离教学"、"零缺陷育才"和"零投诉服务"，这样我们才能在激烈的国际竞争中占有一席之地，并以崭新的姿态赢得广阔的国际生存空间。

第一，零距离教学（Zero Distance Teaching）。零距离教学是一种完全体现教育者与教育对象之间的真诚、诚实、守信、贴近而关系紧密的师生"教"、"学"关系。这种关系必须是真情、温馨而高效的创新教育服务。为了保证零距离教学的有效实施，高等学校必须进行包括形象管理工程、素质教育工程、信息处理工程等一系列工作，提高社会和受教育者对高等学校的认知度、信任度和满意度。形象管理工程应着力于学校职员外在的形象美和内在的心灵美两个方面。以温和、自然的神态面对受教育者、提高他们对高等教育的兴趣；以真诚的教育服务建立学校与受教育者的情感，缩短学生与教师的距离；以文明优美的语言不断提高教学效果；以一棵热爱高等教育事业、热爱学生的心灵为受教育者创造良好的学习环境。素质教育工程应强化高校职员的业务素质和敬业精神，满足员工的求知欲望以及发挥才干，实现自我价值的需要。为他们提供自身发展需要的机会和条件，强化员工培训，激发他们的敬业精神和创新精神。信息处理工程则应强化技术支持系统，确保教学服务设备运行稳定、安全畅通，支持教学服务技术层次的升级换代，满足教学服务功能拓展的需要。

第二，零缺陷育才（Zero Defect Foster）。零缺陷育才是指高校对学生的培育工作无缺陷，把"零缺陷育才"作为一种创新的教育理念提出来，其目的是为了高校的人才培育工作达到最高境界，即"用心育人"把学校提供的服务和学生期望之间的差距缩小到最小范围，甚至达到零。首先，要加快教育服务的创新速度，及时向社会提供丰富、新颖、快捷的高等教育产品和服务信息，满足受教育者个性化、人性化和专业化的服务需求。其次，要在全校上下推行全面质量管理TQM（Total Quality Management），对服务的全过程实施有效监控，规范服务流程，确保自己的服务工作在与受教育者的互动过程中是满意的。最后，引导全体员工参与TQM的学习、教育和培训，让每一个员工对自己的岗位工作做到"精心、细心、诚心"，严格把关，不断追求完美服务，才能达到服务工作的零缺陷。只有员工真正明白高等教育追求的价值标准，共同拥有一个"校兴我荣，校衰我耻"共同意识，自觉维护高校的社会声誉，才能真正做到"自觉→自律→自学→自新"，使之成为高校发展的强大精神支柱。自觉是发展的前提，自律是进步的保证，自学是创新源泉，自新则是创新的集中表现。

第三，零投诉服务（Zero Lawsuit Service）。零投诉服务应该是高校对每个员工的最高服务要求，目的在于通过卓有成效的服务，逐步降低受教育者的投诉率，直至达到"零"。首先，要积极做好对受教育者的宣传教育工作。如：高等教育法律、法规；学校管理的各项规章制度；校园网络资源以及使用中应注意的问题；故障处理办法、教学业务的处理程序等，把可能出现的问题消灭在萌芽状态。其次，要建立服务工作的承诺制度。对服务的时间、服务的态度、职业道德、客户的满意度等进行公开承诺，建立相应的配套监督机制，充分发挥行业自律和社会监督的作用。最后，要建立服务工作的反馈机制。要善于总结工作中的得与失、经验与教训，通过座谈、网上咨询、发放意见调查表等多种途径，广泛征询受教育者的意见和建议，不断改进工作方法，力争使工作做到尽善尽美。

三、思考：现代高校创新过程中应注意的几个问题

1. 结合学校的具体校情，推进创新行动

成功的高等教育创新不是主观随意的行为，而是一种有目标、有方向的变革行动，必须与时俱进，依据客观情势而行动，利用变化而不是试图强行变化。因此，高校创新并不是要求每家学校都刻意标新立异，另搞一套，而是要从本校的实际出发，适应社会经济发展的需要出发，创造出更有利于人才培养，有利于增强社会服务功能的教育环境，切不可脱离实际。

2. 高等教育创新必须着眼于占领人才培养市场

"检验一项创新成功的标准永远是它对使用者的用途"。高校教育创新能否成功，不是取决于它的灵巧性，而是取决于它的社会影响，取决于它在高端人才培养中的市场份额，目前我国高校受到来自国外高校进入中国市场的种种冲击，就是在于我们没有很好利用加入 WTO 的契机开拓国外教育市场，反而使原有的市场份额被外来者以各种的方式所占领。所以说，高校教育创新只有以受教育

者的实际需要为着眼点，才能为使用者创造出更大的预期收益，增强他们为社会创造财富的能力，也才能更好地体现出自己的价值和发展前途。

3. 引导和培养创新型人才

高校教育的创新活动涉及到许多技术和智能因素，并需要做大量的工作，这不是个人的能力能胜任的，必须培养一支强有力的创新队伍。因为我们知道，"教育本身是不能创新的，而人是可以创新的"。必须有第一流的专家、人才来从事创新工作，否则高校教育永远不会出新的改革成果。同时，高等学校的领导应该是充满改革活力的领导者，他应该既是管理学家，又是教育学家，还是现代知识、现代技能的拥有者。他必须对高等教育发展的现实和未来有清醒的认识，对其发展的前景有着深远的洞察力，他要有把高等教育和社会经济发展、人类文明进步相联系的强烈兴趣和愿望，并勇于承担风险，合理配置校内教育资源，识别和有效使用学校的创新人才，激励员工开展创新活动。

研究总结

从知识经济的发展趋势来看，我们将处于一个与时俱进和大规模创新的伟大时代，将是一个不断依赖创新才能扫清前进道路障碍，获得新动力的时代。对此，作为一名高等教育工作者应该破除陈旧观念的束缚，与时俱进，对高等教育的发展趋势有清醒的认识，敏感地捕捉高等教育变革的新形势、新动向，积极开拓进取，勇于创新实践，创造我国高等教育改革的新辉煌。

第二节　高校公共关系的基本研究

问题评析

> 在高科技的信息时代，公共关系在高校的改革发展进程中占有重要的地位和作用。作者认为，高校公共关系的开展，必须认清高校面对的公众，分析影响高校形象的因素，打好公共关系的基础，明确开展公共关系的工作步骤。

公共关系就是运用现代信息、控制和传播的理论与方法，利用大众传播工具，建立起组织与公众沟通的桥梁，从而更广泛地促进信息的交流与相互了解。公共关系活动最早始于 20 世纪 20 年代的美国，后来被其他国家的工商界、旅游界、金融界、企业界和教育界所借鉴。我国改革开放 20 多年来，公共关系被引入工商、旅游等行业，取得了明显的效果。随着我国高等教育体制的改革和深入，公共关系问题引起我国教育界的高度重视。笔者就高校公共关系的有关问题作一些理论分析和探讨，并求教于同仁。

一、高校公共关系的开展——认清面对的公众

作为一个高等教育工作者，一提到"公众"这个词，立即就会联想到我们所处的工作环境和面对的教学对象（包括高校和个人）。但是就高校的公共关系来说，高校面对的公众较此远为广泛得多，我们在制订公共关系计划和行动之前，认清学校面对的各类公众是极为重要的，只有明察环境，把握各类关系的脉络，高校的

公共关系工作才能有的放矢，从而取得最佳效果。笔者认为，高校面对的公众可以作出以下基本划分。

1. 内部公众与外部公众

内部公众是指高校的内部成员——全体职工，他们与高校的关系最为直接和密切，是高校生存和发展主观的能动因素。所谓内部公共关系就是针对本校职工所做的工作，搞好内部公共关系，学校全体职工才能齐心协力地工作，才有发展的基础。因此，内部公共关系是全部公共关系的基础，内部公众以外的都归为外部公众。

2. 现有公众，将有公众和潜在公众

现有公众是指已经与和高校建立教育与被教育关系的培养单位和学生个人。潜在公众是指将来有可能和高校建立教育关系的单位和学生个人。将有公众则是介乎上述两者之间的单位和学生个人。这种划分有利于学校根据公众各个变化层次来制定有针对性的沟通策略。

3. 首要公众、次要公众和边缘公众

这是根据各类公众对高校的重要程度不同所作的划分。学校的职工、接受教育的学生是高校的首要公众，职工是学校生存发展的首要条件，学生是学校生存发展的重要源泉。教育行政主管部门、其他高校是本校的次要公众，教育行政主管部门为高等教育体制改革提供政策依据，是高校改革和发展的政策后盾，其他高校是本校改革发展过程中借鉴、学习、参考、沟通的合作伙伴。其他没有和学习建立教育关系的单位和个人归为边缘公众，通过学校的社会宣传、发展的努力和社会知名度的提高可以把边缘公众转化为首要公众。

4. 顺意公众、逆意公众和中立公众

这是根据社会公众对高校的认识了解状况的不同以及他们对高校所持有的态度进行的划分。这种划分的目的就在于创造一个平和顺向的民意环境，将中立公众和逆意公众转化为顺意公众，从而有利于高校教学、科研等各项工作的开展，促进高校的改革和发展。

5. 本地公众、外地公众和外国公众

这是根据公众的分布与高校所处区域的不同所作的划分。随着我国高等教育体制的改革和发展，学校的公众呈现出多元化的发展趋势，有本地公众、外地公众和外国公众，高校开展公共关系的目的不仅在于取得本地公众对本校的信赖和向往，而且还在于争取得到外地公众和外国公众对本校的认识、了解、信赖和向往。

这里需要强调指出的是，由于高校教育竞争格局的变化，学校的社会知名度也会发生变化，因此高校的公众对象会随时间、条件、地点的变化发生变化。所以对公众的了解、认识和划分是一门必须灵活运用和掌握的艺术。

二、高校的形象如何——来自舆论界的力量

在社会主义市场经济体制改革的进程中，应该承认，我国的高等教育没有突破计划经济时期的传统教育观念，目前还处于一种计划指标控制封闭的系统循环之中，高校没有获得真正的办学自主权。这种状况被我国的经济学家和教育学家称为"中国市场经济体制建设中的最后一个堡垒"。近年来，随着我国高等教育体制改革的深入，高校扩招使我国的高等教育获得了由"精英教育"向"大众教育"转变的阶段性突破，但就整个社会来说，高校的对整个社会的影响是不大的。很多人不了解高校的地位、职能和作用，更不知道高校除了办学、培养人才以外还有哪些功能。这些正是我们在工作中忽视了舆论界的力量。任何一种事业，要发展壮大，都必须得到整个社会的重视和支持。高校也不例外，它的繁荣和发展有赖于整个社会的关心、理解和支持。因此，我们要利用一切机会，动员社会的一切舆论来宣传高校的性质、作用和地位，普及科技文化知识、提高人的综合素质，要使人们认识到高校在国民经济发展中占有举足轻重的地位，更要使人们认识到提高中华民族的综合素质，实现中华民族的伟大复兴，高校所承担的责任。既然舆论的力量如此重要，所以我们必须知道各种舆论的性质、形成机制和功能作用。舆论是一种动态的力量，它会随情况的变化与事态的发展而作出不同的反应，舆论的形成，一般来说有三条渠道：

1. 家庭教育——形成舆论的基本力量

这种力量很早就在人们的现实生活中，对人们后来的思想和选择起着决定性的作用。例如：在基础教育孩提时代，家长们往往会问：孩子今后你想上哪一所大学？孩子们会根据自己了解和掌握的信息回答"我要上××名牌大学"，这在孩子的心目中形成了他选择高校的思维定势，这就是来自家庭的舆论力量。

2. 社会宣传——形成舆论的重要力量

高校现有公众，对学校的宣传和反馈在日常的生活中占有重要地位，当人们会集在一起，进行经验交流、谛听、讨论、交涉时，就会产生舆论。在这些舆论中，学生和教育委托单位往往会根据他们对某所高校认识、了解和持有态度，对社会宣传，这种舆论在社会宣传中产生了重要的导向作用。

3. 大众传播媒介的宣传和报道——形成舆论的首要力量

在知识经济时代，充分利用现代传播工具宣传自己是每所高校不可回避的现实选择。如：报纸、广播、电视、杂志、网络等大众传播媒介对高校的宣传和报道，每个公众都会因这些工具传播的扩散效应而受到各种信息和言论的影响，从而使他们改变对某所高校的印象和态度。

必须指出的是在以上三个舆论力量中，大众传播媒介的宣传和报道具有很强的宣传和导向作用。高校公共关系工作必须注重于利用这些大众传播媒介，在舆论园地上培养出对学校事业有利的公众态度。因为大众传播媒介（报纸、杂志、广播、电视、网络等）

具有传递信息迅速、影响面广、说服力强等特点，所以高校公共关系不能忽视大众传播媒介的作用。

近年来，我国高校创办的各种报刊、杂志不少，但有一个共同的特点是其对社会的影响范围是比较狭小，除了本专业人士外，还有人问津的报刊、杂志实属不多。为了发展高校的公共关系，客观上要求我们在提高刊物质量的同时，还要想办法扩充报刊杂志的知识内涵，扩大发行范围，使社会公众对高校有进一步的了解，将高校的新观念、新理念、新方法传输给社会公众，改变他们心目中原有的高校形象，培育人们的终身教育意识，这将是扩大高校影响、提升知名度的有效的方法。

三、高校公共关系的基础——从内部做起

我国一些学者认为，应该把公共关系看成是一种"内求团结、外求发展"的管理艺术。我认为把内部工作放在高校公共关系的首位，是高校发展公共关系的基本前提。本校职工无疑是高校最为重要、关系最为密切的公众。所以，公共关系首先应着眼内部，抓好以下工作。

1.着眼于内部，强化职业道德教育，培育职工的敬业精神，充分调动广大职工的积极性，激发他们的工作热情

如果一个高校的职工，就连本校都看不起，本职工作都不热爱，他怎么会努力工作，他怎么会热爱学校、热爱高等教育事业。雷锋同志曾经说过："干一行，爱一行"，但是作者认为，在科学技术日新月异，人力资本占有突出地位的今天，应该是"爱一行，干一行"，因为只有爱上这个行业，他才会努力去学习本行业的知识和技能，适应社会发展的需要，才能搞好本职工作。否则虽然干了某个行业的工作，但是他不爱这个行业，就不会去钻研学习，最终不能适应行业的工作要求，无力把本职工作干好。

2.要做好高校的公共关系工作，必须进一步深化高校内部管理体制改革

建立科学合理工作业绩考评制度，建立奖惩分明的具体措施，打破职工间的"大锅饭"，打破用人"能上不能下"和"排资论辈"的用人机制，为高校人才的脱颖而出创造良好的环境条件。并经常进行行为修订，规范职工的工作行为。

3.在人力资源的竞争上，为防止优秀人才的外流，必须形成五种观念

一是"待遇留人观念"，只有具备优厚的物质待遇，才能吸引人才，才能引凤筑巢。二是"事业留人观念"，只有具备良好的事业发展空间和优越的工作条件，才能使人才施展自己的才干。三是"机制留人观念"，只有具备符合现代高等教育发展趋势的高校管理机制，才能为人才辈出创造适宜的土壤。四是"感情留人观念"，只有在人与人之间具备良好沟通，建立深厚的友情，形成相互了解、相互尊重、相互支持、真诚对待的和谐而愉快的人际关系，才能形成奋发向上，努力拼搏的人才队伍。五是"环境留人观念"，只有具备有利于人才成长的校园环境，才能增强高校外部的吸引力。

四、高校公共关系的关键——几个普遍适用的工作步骤

关系学专家普遍认为，要搞好公共关系，重点要注意工作方法。我认为高校的公共关系工作应把握以下几个主要步骤：

1.调查分析

包括两个方面，一是对自身的了解。也就是要掌握本校在社会上的知名度及其在公众心目中的地位；学校的现状及其存在的问题（包括潜在问题）；职工队伍如何？本校的教育对象和服务对象的基本情况及他们对本校的意见和要求。二是对社会环境的了解，主要应熟悉国家的高等教育方针、政策；本校在高校群中所处的位

置；社会经济发展状况；对高等专业人才的需求状况，本校所在地区的实际情况等。

2. 计划和对策

调查研究完成后，要据此制订切实可行的行动计划，并形成文件加以保存。要确定每一项活动的日期、人员、地点、目标、要求及其费用，经费须有保证。

3. 实施与传播

依据计划和目标，利用传播媒介，开展一系列与外界交往的活动。主要工作是：第一是联系。在推进高校内部体制改革的同时，要与广播、电视、出版部门保持长久的联系，保证各方面的信息畅通无阻，开展多方面的宣传活动。第二是强化现有公众的沟通，获得相关的了解和支持，如：教师和学生的座谈、领导和学生的对话、学校和学生家长的联系和反馈、建立高校信息咨询服务系统、设立公众意见箱等。第三是广告宣传。可通过报纸、杂志、广播、电视等大众传播工具，向社会宣传本校的性质、职能和作用，与高校合作的项目和合作方式。强化社会公众对本校的认识和了解，增强社会公众的高等教育意识。把潜在公众和将有公众转化为本校的现有公众。

4. 评价与修正

实施与传播完成后，造成什么样的影响，得到什么样的效果，还有哪些问题或不足，应在可靠的信息反馈基础上作出认真的评价和反省，并据此调整下一步计划。这一环节的程序可归纳为：收集反馈和自我评价→整理→分析→比较→找出问题→提出改进措施。

研究总结

笔者认为，高等教育工作受多方面因素的影响和制约，稳固而又完善的公共关系能赢得公众多方面的支持与配合，环境的消极影响就会降到最低限度，管理工作就能游刃有余，同时也就拥有应付一切外界变化的主动权。因此，我们坚信，公共关系在我国高等教育行业的应用和发展，必将推动我国高等教育事业发展。这也正是我们研究高校公共关系的动因所在。

第三节　开创新时期高校思想政治工作新局面，推进和谐校园建设

问题评析

　　构建和谐社会是一个内容十分丰富的概念，包括"人与人之间、部门与部门之间、单位与单位之间、行业与行业之间、地区与地区之间、物质与精神之间"等多层和谐。和谐校园是和谐社会的一个有机组成部分。笔者认为，在高等院校和谐校园建设中，必须发挥思想政治工作的独特作用。

　　随着我国经济体制改革的不断深入，综合国力不断增强，人民生活水平不断提高。根据国家统计局 2009 年 3 月 5 日发布的《2008 年国民经济和社会发展统计公报》数据计算，2008 年我国人均 GDP 达到 3313 美元①。国内外经济学家研究表明，人均 GDP 达

---

① 根据国家统计局 2009 年 3 月 5 日公布的《2008 年国民经济和社会发展统计公报》有关数据计算。

到 1000—3000 美元之间，处于社会不稳定的危险期，我国也面临着严峻的考验。在广大人民群众获得实惠的同时，我国社会也出现了贫富差距扩大，社会腐败现象频频曝光等不和谐现象。中国共产党第十六届四中全会提出了构建社会主义和谐社会的根本任务。高等院校是贯彻实施党和国家方针、政策的重要舆论阵地，是我国人才培养的重要基地，是我国知识、信息、智慧、人才的集散地，是专业技术人才培养与社会需求接轨的重要桥梁和纽带。因此，在新的历史条件下，如何发挥高等院校专家聚集优势，抓好思想政治工作，推进和谐校园建设，成为推动高等院校改革和发展的新课题。

一、构建和谐校园是构建和谐社会的一个有机组成部分

从字面上理解，"和谐"二字，有"适度、配合、协调、公平、发展"的意思。从动态的过程考察，"和谐"是一种多样性的相互包含和包容、相互协调、相互配合、相互促进、相互发展的一种状态和动态效果。从人类社会的目标追求来看，"和谐"是一种美妙的境界，是人类社会发展所追求的目标。从"和谐"的构成来看，具有明显的层次性，包括"人与人的和谐→部门之间的和谐→单位之间的和谐→行业组织之间的和谐→地区之间的和谐→整个社会的和谐"。因此，笔者认为，和谐社会是公民的社会；和谐校园是全校师生的校园。

高等院校是一个担负着传承文明、保护知识成果、培养人才、创造知识、服务师生、服务社会的多功能组织，在构建社会总体和谐的进程中具有十分重要的推动作用。作为知识与人才相对集中的高校，处于对政治、经济和社会发展极度敏感的特殊环境，是社会制度变迁的敏感区域。历史发展的经验表明，在历次政治风波中，高等院校的和谐与稳定发展关系到整个社会的和谐和稳定。因此在高校的改革和发展进程中，构建和谐校园是构建和谐社会的有机组成部分。

构建和谐校园也是推进学校改革、促进教育发展的动态过程，是构建和谐社会的必然要求。发展必须改革，改革需要稳定和谐的环境，稳定和谐的环境需要强有力的思想政治工作机制做保障。但是改革又必须打破原有僵化的管理体制，打破原有的利益格局，势必产生各种新的矛盾，容易产生不稳定的因素。目前，高等院校内部管理体制改革、人事分配制度改革、教学管理体制改革、专业结构的调整和布局、人才培养方的改革和实施等等，直接关系到学校教工和学生的切身利益，教工的工作压力和精神压力加大，学生的学习和生活压力加大。所以，稳定不一定和谐，但是和谐必然稳定。和谐是稳定的最高境界，改革是为了谋求更高层次的和谐。笔者认为，和谐并不意味着没有矛盾，构建和谐校园的关键在于不回避矛盾，构建一种有效化解矛盾的机制，使高等院校在通过改革增强生机和活力的同时，始终确保稳定、协调发展的大局。因此高等院校的思想政治工作，在和谐校园建设中发挥着不可替代的作用。

二、和谐校园应体现为"追求科学创新、发扬民主智慧、营造宽容环境、团结拼搏向上"的基本精神

和谐校园建设，包括和谐的人际关系、协调配合的部门支持、学校建设的协调发展等多个方面。其中："追求科学创新、发扬民主智慧、营造宽容环境、团结拼搏向上"的基本精神是和谐校园建设的基本内涵。

1.和谐校园建设，要以科学发展观为指导，坚持科学、创新理念，坚持以人为本，追求科学、合理发展

科学发展观要求我们坚持以人为本，重视并处理好人与物的关系，实现学校改革发展与全校师生员工全面发展的和谐统一。因此，在和谐校园建设中，高等院校的思想政治工作不仅要围绕学校

的中心工作，服从并服务于学校大局，又要体现知识经济、信息时代、网络社会的思想政治工作新职能，彰显专家人才优势，寻求适时、适宜的结合点和切入点，引导全校师生员工以主人翁的精神状态积极参与学校的管理和改革，充分发挥自身积极性、主动性、创造性和创新性，以做好本职工作、学好自身本领的行动推进学校的建设和发展。

2. 和谐校园建设，要以民主智慧为法宝，提升"教书育人、管理育人、服务育人"的综合能力，开创新时期思想政治工作的新局面

强化能力建设，是构建和谐校园的必然要求。为此，高等院校的思想政治工作要努力做到"学→研→实→新"。"学"即学习和思考，学以增智、学以致用；思以立德，思以创效。要把学习和思考作为提升综合能力的根本途径。"研"即调查研究，把调研作为谋划工作、联系群众、联系师生、联系部门、解决问题的有效手段，在调研中提升思维能力、在调研中总结成功经验、在调研中吸取失败教训，进一步增长工作才干。"实"即求真务实，想法办事要符合学校实际，要把握师生员工的意愿和思想政治工作的基本规律，抓住学校党政关注、师生员工关心的事项，作为切入点，把事情办好办实。"新"即开拓创新，正确处理好继承发扬和开拓创新的关系，在继承中创新，在创新中发扬，形成新时期高校思想政治工作的特色和亮点，以特色谋求发展，以亮点带动全盘。

3. 和谐校园建设，要以营造宽容环境为基石，诚信化解矛盾，关怀凝聚人心

宽容是和谐社会的基本精神，构建和谐校园应该是一个"百花齐放、百家争鸣"的大家庭。实现校园的和谐，不仅是对领导的要求，也是每一个师生员工的责任。和谐社会的第一要义是人与人之间的和谐相处。因此，"用一种宽容的心态来营造和谐的气氛，

用诚信化解矛盾，用关怀凝聚人心"是我国构建和谐社会的本质性要求。社会和谐的深层基础在于社会成员之间有一种普遍的认同，人与人之间有一个相互信任的纽带。所以，高等院校应把加强基层组织建设，调和利益冲突，把矛盾化解在基层作为新时期思想政治工作的重点，引导职工正确认识和处理个人利益和集体利益、当前利益和长远利益的关系，增强主人翁意识和社会责任感，大力弘扬社会主义荣辱观，进行公民道德和职业道德教育，营造一个客观、公正、和谐的校园环境。

4.和谐校园建设，要以"团结拼搏向上"的精神为发展动力

随着信息化进程的加快，电子技术、计算机技术和网络技术被广泛应用于高校的每一个领域。无论是教学、科研、管理或是后勤服务，都由传统的单一性服务向多元化服务转变；由传统的独立性操作向共建共享体系转变；由传统的封闭式管理向开放管理式转变；这些变化无疑对员工的素质提出了新的要求。所以，在思想政治工作中必须倡导寻求提升员工能力和素质的途径，通过培训——自学等多种渠道，有效解决新历史条件下员工技能的障碍问题，要以"团结拼搏向上"的精神为发展动力，把高校各部门建成"工作＋学习"的"知识型"组织，在职工中形成"自觉→自律→自学→自新"的终身学习意识，把自觉作为发展的前提，把自律作为进步的保证，把自学作为创新源泉，把自新作为创新的集中表现，以良好的心态迎接新时期的挑战。

三、顺应时代发展要求，发挥资源优势，共筑和谐校园

1.充实人才资源，发挥人才在人文素质教育中的导向作用

高等院校拥有丰富的自然科学、社会科学等各领域的丰富成果，是全面提高全校师生素质的物质保证。这些成果资源不同于社会的流行书刊，是经过甄别、筛选的，所以保证了馆藏资源文化的

纯洁性，是高校社会主义精神文明建设和人文素质培养的主要阵地。高等院校要解放思想，改革创新，完善服务和管理措施，把学生吸引到科学知识的海洋中来，把丰富而优秀的文化成果推荐给学生，达到提升校园文化水平、培养人文素养、陶冶情操、丰富校园生活、提高校园文明程度的目的。湖南大学通过改革，以素质教育基地模式充分利用学术资源，为学生提供大量的文献资料，受到学生的欢迎，在发挥人文素质教育功能方面发挥了良好的示范作用。

2. 研究学生群体的需求规律，做到"教育、服务、管理和引导"有的放矢

就高等院校来说，学生约占服务对象的85%，因此掌握学生群体的变化规律，抓住学生心理需求和特点，对学校来说具有重要的现实意义。

从学生的需求心态来看，心理需求和客观需求是左右学生需求的两大因素，心理需求是指学生希望学校提供教育、服务和管理，使学生有"家"的感觉，突出人性化特征，服务态度和服务质量是心理需求的直观表现。客观需求是学生为完成学业、实现预定目标形成的，既依赖于学校、又脱离学校的现实需求表现，这种需求受到市场经济、心理因素、认知程度等多种因素的影响，共同支配学生对学校提供教育、服务和管理的取舍。

从学生的需求特点看，具有四个明显特点：一是要求服务的"应急性"。学生对某种信息、数据、知识的需要在很多情况下是在做论文、做设计、做科研项目时才显得迫切，这时，学生总希望学校在很短的时间内满足他们的要求。二是要求服务的"便利性"。学生遇到困难时，总希望学校能用最快、最简便的方法解决他们的困难。三是要求服务的"全面性"。学生在学校学习期间，要求校方能为他们提供全方位的服务。四是学生自身学习的"盲目性"。相当一部分学生在大学学习期间对自己的人身追求和目标定位比较

盲目，有的好高骛远，不切实际；有的盲目跟丛，不知所措。这些问题都必须构建学校导向机制，在教育培养进程中一一解决。

3. 强化系统管理，更新观念，树立"用户第一，服务至上"的基本宗旨

建立"以学生满意为核心、以高尚的思想为指导、以良好的行为规范为准则、以优质的服务为内容"是时代发展对高等院校各部门的基本要求。从高校的服务来看可分为"传统服务"和以网络技术为支撑的"现代服务"两大部分。因此，在建设和谐校园进程中，学校要构建"3Z"和"3A"两个服务质量标准体系，实现"虚"、"实"服务空间的协调发展。

"3Z"就是指高等院校在传统服务体系中要不断追求"零距离服务（Zero Distance Service）、零缺陷服务（Zero Defect Service）、零投诉服务（Zero Lawsuit Service）"的基本效果。零距离服务就是指高校各部门与师生之间的诚实、守信、贴近而关系紧密的服务。是一种真情、温馨而高效的创新服务，这是师生员工共同合作的结果。零缺陷服务是指各部门的服务工作无缺陷，把"零缺陷服务"作为一种创新服务的标准，其目的是使学校的各项工作达到最高境界，即"用心服务"把我们各部门的服务工作与师生员工需求期望值之间的差距缩小到最小范围，甚至达到零，这是学校每个工作人员应做的主观努力。零投诉服务是学校对每个员工的最高服务标准，目的在于通过卓有成效的服务，逐步降低当事人的抱怨率和投诉率，直至达到"零"，这是学校师生员工对服务质量的主观要求。

"3A"就是指高等院校在现代服务体系中要不断提升"任何时候（Any time）、任何地点（Any where）、任何方式（Any way）"的服务理念，为学生由低层次需求向高层次需求转化创造条件。高等院校要通过高端人力资源的有效配置、文献信息资源体系和网络资源体系的有效开发和利用、信息交换平台的合理布局，实现学校

资源"实"与"虚"的转换，无论师生员工在什么时候、什么地方、通过何种方式，都能获得校方方便、快捷、高效的文献及信息资源服务。

4.针对青年学生的心理问题，开展心理咨询服务，通过组织读书、学习、研讨、辩论等教育活动，缓解学生的心理压力

江泽民同志曾经指出："青年兴则国兴，青年强则国强，青年有希望，未来的发展就有希望。"因此，高等院校对青年学生的成长承担着重要的历史重任，要针对学生不同时期的心理现象，开展一系列的活动，把他们引向正确的人生道路，树立正确的人生观、价值观和就业观。譬如：通过专题报告会、心理访谈、焦点辩论、社会热点分析、阅读指导、论坛平台交流等多种途径，解决青年学生的心理问题，实现自我调适、自我教育，培养他们"自强→自立→自学→自律→诚实守信→健全人格"的奋斗精神，成为社会主义和谐社会的有用之才。

研究总结

笔者认为，高等院校是贯彻实施党和国家方针、政策的重要舆论阵地，在新的历史条件下，高等院校作为我国人才培养的重要基地，是知识、信息、智慧、人才的重要集散地，是专业技术人才培养与社会需求接轨的重要桥梁和纽带，思想政治工作具有不可替代的重要作用，在和谐校园建设中具有独特的优势，它对学校的改革和发展、教育质量的提升、科研实力的增强；对学生的全面成长以及专业素质的提升和综合人文素养的培育是大有可为的。

第四节 校园文化建设的基本思路

问题评析

　　未来学家预测，知识经济时代的 21 世纪是一个受文化冲击的世纪，世界各国都难以避免地面临冲击的挑战。因此，无论是政府、企业、公司、银行、学校等都必须密切关注不同文化的冲击和融合，不仅要关注这种变化给自身带来的深刻影响，而且要注重研究在这些影响中自身利益的变化。否则，我们将面临被边缘化的危险。

改革开放 30 多年来，如何构建我国高校的校园文化是我国高等教育体制改革和深化进程中不断探索和研究的一个新兴课题。在加入 WTO 的新形势下，如何提高中国高校在国际上的整体竞争实力，如何构建中国高校的校园文化，使之成为高等教育可持续性发展的动力源泉。高校校园文化的内涵是什么？它有什么特征和功能？是我们面对竞争和冲击需要认真研究的课题。笔者就此作一些探讨和研究。

一、高校校园文化的内涵

在我国高等教育体制改革和发展的历史进程中，人们对校园文化这一命题并不陌生，但是对它的理解则千差万别，有人说，校园文化就是学校内部搞文体活动；也有人说校园文化就是学校的形象设计——"CI 战略"；还有人说，校园文化就是利用高校人才聚集的天然优势办刊、办报、办讲座、办论坛等，为师生员工提供一个文化园地等等，从理论上分析，这些说法，不能说不对，但不全面。笔者认为，校园文化是一种亚文化，它的发展是和一定时期的高等教育发展和运行密切联系在一起的，是高等学校在长期的发展过程中形成的价值观念、办学思想、群体意识、管理理念和行为规范的一种综合体。是高等教育发展取之不尽、用之不竭的精神源泉。就高校校园文化的内涵来看，包括以下内容：

1. 从高等学校的功能来看，校园文化建设与社会需要和发展要密切相关

它的首要任务就是能为社会创造一个和谐的成才氛围，为提高国民素质创造良好的环境条件，为教育者和受教育者创造一个满意的运行空间，对促进社会的协调发展提供强大的人力资源动力和支持。因此，校园文化具有显著的社会需要属性。

2. 从高等学校的本质来看，校园文化是一种长期积淀的结果

从文化是"人类社会的特有现象，只与人类活动有关"这一本质出发，高校校园文化是一所学校在自己的长期发展过程中逐步形成和确立的。它得到全体管理者和师生员工认同和维护，并为全体成员所共同拥有的非物质特征的总和，是增强高校内部内聚力和向心力的意识形态的总括。

3. 从高校校园文化的构成来看，校园文化包括四个层次

第一是表层文化——物质文化，这是最可变的部分，决定全体师生成员物质利益的多少；第二是浅层文化——行为文化，即人们遵循行为规范的程度；第三是中层文化——制度文化，反映一定时期高校管理制度的完善程度及合理性；第四是深层文化——精神文化，是高校校园文化的精髓，在现代高等教育事业的发展进程中，教学业务创新、教学手段创新、管理制度创新、人才培养模式创新等是可以模仿的，但是文化的精髓是无法模仿的，它的作用是间接的，对一所高校的长远发展有巨大的影响力和推动力，我们既

不能忽视传统文化的作用，也不能因循守旧，未来的发展必须依靠新的文化去引导。

4. 从高校校园文化和社会主义文化关系来看，二者是相辅相成的，高校校园文化是社会主义文化的一个有机组成部分

可分为物质文化、制度文化、意识文化和道德规范等多个方面。在高校校园文化的构成中，意识文化及其价值观念系统则是高校校园文化的核心内容。因为，它决定着全体师生员工的行为取向、价值取向和思想取向，高校的活力源于价值观对全体师生员工的感染力，以及准则、目标、理想、信念对师生员工的牵引力，并在此基础上形成强烈的大学精神和群体意识，它是一所高校的灵魂，是高校发展的内在驱动力。大学精神、大学理想、大学风貌，要靠每一位师生通过实践来培育，师生的行为方式和师生之间的良性互动关系，是一所大学校风、校貌的直接体现，因此，在高校校园文化建设中，必须倡导"师道"精神、健全"师德"意识、建立"师行"规范。利用深厚的历史传统、多彩的校园文化生活、幽雅的校园环境、优美的校舍建筑、丰富的人文景观，为师生舒展情怀、陶冶情操发挥不可替代的作用。高校校园文化建设的核心是培育现代大学精神，形象设计是现代高校素质的综合反映，是校园文化建设的外在表现，而形象的核心是高校的社会信誉度、社会美意度、社会依赖度和社会竞争力。

二、高校校园文化的基本特征

中国高校校园文化存在于我国的民族文化之中，从它的表现来看，首先反映一个国家、一个民族的文化特色，以及不同的社会价值观，其次反映高校校园文化的特色和价值观。笔者认为，高校校园文化具有如下一些基本特征：

1. 具有客观性

高校校园文化是客观存在的，它是高等教育事业发展的必然。

只要人们在日常生活以及社会活动中结成一定的教育关系，并通过高等学校从事人才培养等业务活动，诸如：教师任职资格的取得、学生学籍的确认、教学计划的编制、人才培养方案的实施、教学环节的控制、学生个性能力的培养、就业信息咨询等，高校校园文化就必然产生。从高校校园文化的性质来说，其内容涵盖了大学精神、发展战略、办学服务宗旨、人才观念、指导思想、质量意识、人际关系、师生员工教育等各个方面。

2. 具有个体性

其高校校园文化是民族文化的一部分，不同的国家，不同的民族其高校校园文化是各不相同的；就是同一国家、同一民族，由于历史、规模、区域等原因，在不同的时期，高校校园文化表现为不同的个性特征，它体现了高校员工群体的一般本质现象。因此，高校校园文化建设，必须从本校的个体特性出发，需要每个师生员工从做特殊的事情开始，培育自身的持续意识、全局意识、开放意识、竞争意识、市场意识和超前意识，进而形成共同的价值观念。

3. 具有延续性

高校校园文化不是一朝一夕就能建立起来的，而是要花费几代人的心血，它是历史发展的结晶。高校校园文化一旦形成，就会长期地沿袭下去，并不断地创新和发展，成为高等教育事业可持续性发展的不竭动力，并且对它的师生员工产生潜移默化的作用。

4. 具有时代性

时代在变化、社会在发展，高校面临的环境也在变化。高校校园文化作为社会主义文化的一部分也将在改革的实践中不断丰富、更新、发展。在深化改革和扩大开放的今天，高校校园文化体现了改革开放年代所特有的新的大学意识、新的大学思想和新的大学理念。

5. 具有无形性

高校校园文化是在群体的工作中和生活中逐步形成的，是一个软性因素，它不同于硬性的教育法律法规、教育规章制度和教育行政命令。它潜移默化地影响着师生员工的价值观念，一方面以其无形的力量促使员工热爱自己的本职工作，关爱学生生命、关爱学生健康、关爱学生成长，把高等教育事业的发展作为自己的终身事业。另一方面以其无形的力量促使学生珍惜学习机会、热爱自己所选的专业，努力学习，立志成才。能有效地把高校的教学管理工作、人才培养任务和师生员工的思想政治工作融为一体。

三、高校校园文化的载体特性

从高校校园文化的结构来看，它是由不同的文化特征、载体、功能等构成的多维文化模型，具有突出的结构性和系统性。在高校校园文化的建设中，不仅要涉及人们的思想意识和道德观念，而且要涉及人们的业务素质和创新能力；既要涉及人们的生活福利，也要涉及人们在日常生活和工作中的各种人际关系。因此，它不是一些简单的要素组合，而是由复杂的因素所组成的特殊的社会文化子系统。人是高校校园文化发展的主要载体，我们从它的载体来观察，可以看到以下特性：

1. 群体构成的复杂性

在高校校园文化建设中，人是最为活跃的因素，人是高校校园文化的主要载体，这个载体是由不同的年龄、性别的人所组成的，其中既有朝气蓬勃的辛勤学子，又有得过且过的学爷；既有年富力强的中青年骨干，也有教学经验丰富的老专家、老教授。这些复杂的载体特性反映了人们在高校校园文化的建设中充当着不同的社会角色和明确的业务分工。

2. 生理、心理变化的多异性

在高校校园文化的载体中，由于人们年龄、性别的不同，他们的社会阅历是不相同的，他们各自的需求层次不尽相同，个人追求的目标各异。因此，这就决定了他们在高校校园文化的建设和发展中起着不同的作用。

3. 知识水平的层次性

在高校的师生员工群体中，他们的知识水平是不尽相同的。从受教育的程度来看，由于他们各自的条件不同，有的受过高等教育，有的受过中等教育，有的只受过初等教育，有的可能在工作的实践中不断提高、自我完善。这种差异性决定了高校校园文化的载体是由高、中、低等不同知识层次的人员组成的复杂群体。因此，他们的价值观念和思想认识道德水准不可能完全一致，必须依靠要素整合，用先进的文化意识统领人们的思想。

四、高校校园文化的基本功能

高校校园文化的建设过程就是对高校人力资源的全面管理过程。因此，优秀的高校校园文化，必然对高等教育事业的发展产生巨大的推动作用。笔者认为，优秀的高校校园文化应具备以下几个基本功能：

1. 认同的功能

高校校园文化背景，可以使广大师生员工在教育领域的认识得到发展。他们通过对管理目标、价值观念、行为准则以及组织管理方式的了解和分析，认定它们存在的合理性、正确性以及必要性，并对事物的各种属性和整体作出客观的反映，这对于了解社会、分析自我、认识自我、创造自我都产生了积极的效应。

2. 导向功能

高校校园文化的软性规范，能使群体价值观和行为方式对个体产生影响。通过构建先进高校校园文化，将全体师生员工的思想行为统一到高等教育的发展目标上来，并用教育的价值体系引导全体师生员工的思想行为，使之不断接近既定的目标。

3. 聚集的功能

高校校园文化要能够把个人的聪明才智聚集起来，形成群体向心力，促进师生员工之间的团结合作；它与其他要素的有效组合，可以减少内耗，开展高校部门之间的协作联系，促进高校管理的有效运行，从而形成一个适应社会发展要求的整体高等教育功能。

4. 规范的功能

高校校园文化一旦形成，它便能提供一整套为其师生员工所接受、并用以约束自己的价值观念，道德标准及其行为规范，从而形成自我约束的能力。

5. 激励的功能

高校校园文化是高校的灵魂和精神支柱，它能够使全体师生员工认识到自己工作和学习的重要性，从而激发他们的工作热情和学习兴趣。此外，通过建立高校校园文化，一方面，能培养和提高员工的全面工作能力，使他们增加职业的责任感和荣誉感，并以能从事高等教育工作而感到自豪。另一方面，能有效培育学生的自我管理能力、自主学习能力、获取知识的能力，承担其当代大学生的社会责任。

6. 辐射的功能

优秀的高校校园文化能对本地区乃至国内外的高等学校带来积极的影响，发挥强大的辐射作用。它有可能被其他非高校部门所借鉴，对其他部门的文化建设产生积极的推动作用，发挥良好的示范效应。以此来促进整个全社会文化事业的进步和发展，为构建伟大的和谐社会添砖加瓦。

五、新时期构建我国高校校园文化的基本方略

在 21 世纪的知识经济和加入 WTO 的新形势下，我们所面临

的环境发生了明显的变化，这就是由原来以我为主"单向开放"转变为 WTO 成员方之间的"双向开放"，国内外高校竞争，由过去有保护的"远距离竞争"逐步转变为无保护的"零距离竞争"。因此，如何构建我国高校的优秀文化，是进一步深化高等教育体制改革，扩大内外合作，提高高等教育竞争力，实现高等教育事业可持续性发展的重要基础。

1. 调整高校内部组织结构，把学校建成现代的"工作＋学习＋服务"的"知识型、技能型"学校

从传统高校的内部组织结构来看，是按照刚性管理模式的要求来设计的，在传统管理模式下，员工与领导之间、员工与员工之间、师生之间都存在一定的等级差别，员工和学生的信息、意见和建议必须通过一定的组织程序逐级汇报，不能超越。因此，员工和学生的一些好的信息、意见和建议往往在逐级传输的过程中发生"漏损"现象或因"时滞"因素而失去应有的作用。这种状况既不能适应知识经济条件下高等教育发展的要求，也不能面对加入WTO 后高校的竞争。现代高校的管理要打破传统的设计模式，调整内部组织结构。建立能适应知识经济要求和提高整体竞争力的知识型、技能型组织结构，通过建立电子信箱、网上交流平台，使每个员工和学生的信息、意见和建议、高等教育创新的发展思路通过简化了的组织结构直接传输到高校决策层那里，从而建立有利于高校所有成员进行合作创新的管理模式。

2. 强化员工队伍的素质建设

我们必须认识到员工之所以重要，并不是因为他们已经掌握了某些秘密的知识和技能，而是因为他们拥有不断创新和创造有用知识的能力，即他们是高等教育创新的主体。因此，如何采取新的机制激发高校师生员工的创造力，对在知识经济背景的高等教育改革和发展来说，就显得异常重要。在知识经济时代，高校管理尤为

重要的是大学精神和共同信念。一所著名的高校一定有很深厚的文化，文化是学校发展的伴生物，只有当高校校园文化渗透到师生员工的内心，他们才会真正明白学校追求的价值标准，有一个"校兴我荣，校衰我耻"的共同意识，自觉维护学校的利益和名誉，真正做到"自觉→自律→自学→自新"，使之成为学校发展的强大精神支柱。自觉是发展的前提，自律是进步的保证，自学是创新源泉，自新则是创新的集中表现。

3．建立知识和资源共享的创新体系

在知识经济条件下，高校之间的竞争取决于高校的整体创新能力，即运用集体的智慧提高应变能力和业务创新能力，增强高校的综合竞争能力。因此，有效的管理不仅要求有合适的软件系统和充分的业务培训，而要把集体知识共享和创新视为赢得竞争优势的强大动力。对于显性知识的获得、分享可以通过计算机的网络化和软件系统来实现，但对于隐形知识来说，除了重视高校师生员工自身潜能的发挥外，必须重视校内外专家、学者及决策层的智慧作用，即人才智能的高效能发挥。在信息的利用上，必须把信息与信息、信息与人、信息与过程联系起来，并进行大量的知识和技能创新。对许多人来说，建立知识和资源共享的创新体系在很多方面是一个艰难而巨大的挑战，但这是知识经济时代高校管理的客观要求，是提高竞争力的必然之路。迎接这一挑战，并形成良好的循环机制，则意味着我们摆脱传统的管理模式，走向知识经济的一个新台阶。

4．强化现代大学精神的深层文化建设，创造有利于每个员工发挥创造力和积极性的文化氛围

从传统的高校管理模式看，比较重视学校物质的表层文化、行为的潜层文化和规章制度的中层文化建设，而深层现代大学精神文化往往被忽视。在知识经济时代，深层现代大学精神文化具有重

要的地位和作用。每一个成功的高校都有自己的大学精神，每一个成功的部门都必须有自己的行业精神，必须有一种共同的价值观来熏陶全体师生员工，每一个师生员工的品格直接关系高校校园文化这棵"大树"的成长，培育良好的道德品格，具备奋发向上的追求动力，树立全局的学校观念是高校校园文化得以健康发展的重要保证，独特的现代大学精神文化能从不同的角度影响各项管理职能的实现以及整体效力的发挥。

研究总结

作者认为，健康、和谐的高等教育运行是国家人才辈出的基本保证，关乎国家建设后继有人的大事。因此，高等教育事业的发展对国民经济的发展起着重要的推动作用，但是，人才培养质量如何直接取决于一定时期内高校校园文化建设的发展状况。优秀的高校校园文化是高等教育事业发展的活力源泉，它能促使各个职能部门之间形成领导的同心力、各级管理干部的向心力、全体师生员工的凝聚力。此外，优秀的高校校园文化，能增强高校对社会公众的吸引力、可信度和依赖感。因此，只有通过构建优秀的高校校园文化，充分发挥人在高等教育业务活动中的主动性、创造性、开拓性，才能提高我国高校的整体竞争力，为国家的经济建设提供强大的人才动力支持，方能促进国民经济持续、稳定、健康和协调发展。

第五节　中国高校：教育品牌建设评价模型的分析和研究

研究总结

　　从国际发展趋势来看，现代化的高等教育已经发展为一种品牌教育，现代化的大学已经发展成为一所品牌高校。从人才培养到社会服务，从高校的发展战略到学校的社会影响，从科研成果的产出到成果转化为生产力等各个方面，无不涉及高校的教育品牌建设。打造高校教育品牌有利于提高学校的知名度、美誉度、忠诚度，确保我国高等教育的可持续性发展。因此，从高校教育品牌具体内涵出发，运用层次分析法构建高校教育品牌建设的分析评价模型，具有十分重要的现实意义。

教育品牌能够通过提高高校的品牌竞争力来获得明显的"溢价"效应，并通过品牌的延伸进入越来越细分的高等教育市场，通过整合资源获得学校持续发展的竞争力。教育品牌带来强大品牌竞争力的效应越来越受到高校的重视，但是如何定量分析教育品牌中的关键性因素，为打造高校的教育品牌提出较为明确的方向，目前缺少研究，笔者用层次分析法对高校教育品牌中所包括的具体能力和因素进行赋值，并建立相关的评价指标体系，为高校进行自身的品牌评估提供一个定量的参考方案。

一、高校教育品牌及品牌竞争力的基本内涵

1. 高校教育品牌的基本内容及其效应

品牌是一所高校的重要资产，它不仅是高等教育市场竞争中无形资产最为核心的要素，也是一所高校形象的直接反映，它起到"表征"的作用。好的教育品牌具有七种功能：一是对人才的培养和人力资源开发发挥"扩散效应"（Diffuse Effect）；二是对教育品牌的延伸发挥"保护效应"（Protect Effect）；三是对高校知名度和赞誉度发挥"放大效应"（Magnify Effect）；四是对提升受教育者注意力和忠诚度发挥"磁场效应"（Magnetic Effect）；五是对高校人、财、物以及合作伙伴发挥"吸纳效应"（Absorb Effect）；六是对高等教育的可持续性发展发挥"拓展效应"（Expand Effect）；七是使无形资产向有形资产转化发挥"转换效应"（Transform Effect）。

高校教育品牌是指已进入品牌成长期并逐步向成熟期转变，在市场上处于领先地位的品牌。高校创建教育品牌，可以获得受教育者较高的认同感、忠诚度，并获得相对稳定的高质生源，所以，一所高校要想在剧烈的市场竞争中获得并保持竞争优势，就必须深化内部体制改革，强化现代品牌理念，打造自身的教育品牌。

2. 高校教育品牌的竞争力及其内涵

所谓高校教育品牌竞争力是指品牌进入受教育者的心智模式并获得受教育者情感心理认同的能力，它是高等教育可持续发展的综合竞争能力。因此，在当今高等教育专业设置、教育功能日益同质化的今天，高校的教育品牌竞争力就体现在形成高校在教育资源、教育技术、教育管理、人类资源开发等方面的综合优势，是高校核心竞争力的综合体现。由于教育品牌通过高校内外资源的有效整合，在受教育者心理占据了独特的地位。正是由于教育品牌的作用和对社会的吸引力，那些优秀学子始终选择名校来勾画和设计自己的人生成长道路。

二、层次分析法的基本内容

层次分析法（The Analytic Hierarchy Process，简称为 AHP），最早是由美国运筹学家萨迪（Satty）教授于 20 世纪 70 年代提出的一种决策方法。具体内容是将与决策有关的因素分解成目标、准则、方案等不同层次，在此基础上进行相关的定性和定量分析。层次分析法把一个复杂的问题分解成各种组成因素，并按照支配关系形成层次结构，然后使用两两比较法确定决策方案的相对重要性。它是一种定性和定量相结合的结构化、系统化、层次化的分析方法。主要步骤是：

1. 分析系统中各要素的相互关系，构建递阶层次结构

使用层次分析法分析问题、进行决策时，我们要把问题条理化、层次化，构造一个层次分明的结构模型。在这个模型下，目标问题按照一定的逻辑关系分解成为元素组成部分，这些元素又按照其属性及关系形成若干层次，上一层次的元素作为准则对下一层次的元素起支配作用。结合高校的实际情况，可把这些层次分为三类：

第一，目标决策层。包含的只有一个元素，它是问题的最终目标。

第二，准则控制层。包含为实现目标所涉及的所有中间环节，可以有若干层次组成，包括所要考虑的准则、子准则。

第三，方案实施层。包含为实现目标可供选择的各种措施、解决办法等。

以上层次之间的支配关系不一定是完全的，在现实生活中，经常存在特殊元素，它并不支配下层的所有元素，而仅仅支配个别元素，甚至不支配任何元素。

2. 根据元素的重要程度，构造两两比较矩阵

层次结构反映了各因素之间的相互关系，但是准则层中的各

准则在目标衡量中所占的比重不一定相同，在决策者的心目中，它们应该各占有一定的比例。

3. 比较元素的计算和相对排序，并进行矩阵的一致性检验

判断矩阵 A 对应于最大特征值 λMax 的特征向量 W，经过归一化后即为同一层次相应元素对应于上一层次某一元素相对重要性的排序权值，这一过程即可得到元素的相对排序。构造的判断矩阵尽量减少了不必要的因素，能够比较客观地反映每一组目标元素影响力的差别。

4. 各层次对于系统总排序权重的计算，并进行排序

以上工作我们得到的是一组元素对其上一层中某个元素的权重向量。我们最终需要的是各元素，特别是最底层中各方案元素对目标的排序权重，从而进行方案的比较和选择。总排序权重必须自上而下地将单准则下的权重进行合成。对层次总排序也必须由高层到底层进行逐层的一致性检验。原因是：虽然各层次均以经过层次排序的一致性检验，各层次对比判断矩阵都已具有较为满意的一致性，但是当综合考虑时，各层次的非一致性仍然可能积累起来，最终引起分析结论非一致性的严重后果。

三、高校教育品牌建设评价指标体系的构建

根据教育品牌的含义，结合教育品牌为学校带来的具体竞争优势，笔者将高校教育品牌细化为品牌的领导能力、品牌的管理能力、品牌的创新能力和品牌的基础能力四个方面进行量化分析。

1. 高校教育品牌的领导能力

高校品牌的领导能力是教育品牌在高等教育市场上与其他高校竞争品牌比较而产生的，它是品牌竞争力的外在表现和显性表现。具体包括高校品牌市场的领导能力、品牌社会反映能力（就业率）和品牌的可持续发展能力三个指标。其中：品牌市场的领导能

力可以利用高校的学科建设，硕、博点数量，学术科研水平来测评；品牌社会反映能力可以利用高校毕业生的年末就业率来衡量；品牌的可持续发展能力可以用品牌的知名度、美誉度、忠诚度来体现。

2. 高校教育品牌的管理能力

品牌的可持续发展能力是指学校在一系列具体的品牌管理活动中所形成的能力体系，具体包括教育品牌的个性差异能力、教育品牌的传播能力、教育品牌的建设能力等多项能力，这些能力彼此之间有密切的关系，是相互整合而形成的合力，并不是以独立的形式而存在，这个能力对构建高校教育品牌是至关重要的，是一所高校塑造品牌形象，提高品牌竞争力的必备条件。具体包括：教育品牌的个性差异能力、教育品牌的传播能力、教育品牌的建设能力。其中：教育品牌的个性差异能力由高校办学层次的细分状况来反映，通过品牌个性化与其他品牌的差异性来体现，通过差异化发展战略来吸引和保留受教育者；教育品牌的传播能力则由高校的公共关系、品牌的管理和沟通、品牌建设识别系统的建设水平来表现；以家庭和受教育者认同接受度来衡量；教育品牌的建设能力则由品牌的扩张能力和品牌的延伸能力来衡量。

3. 高校教育品牌的关系能力

教育品牌的建设能力是指高校在自身品牌的建设中，在教学及科研业务的发展过程中，与社会、家庭和受教育者本人建立并长期维持良好社会关系的能力，它是教育品牌保持高等教育行业市场领先地位的基础，更是维持教育品牌忠诚度的前提条件，具体运用中可以用受教育者的认知能力、追随能力来细化分析。良好教育品牌必然带来更高的客户满意度，与受教育者的良好关系有助于构建和谐的校园文化，并利用受教育者反馈的信息改进我们教学计划的设置，培养目标和方向的调整，增强教育品牌的差异性，强化教育品牌形象，提高受教育者的忠诚度。

4.高校教育品牌的资产运作能力

教育品牌资产的运作能力由高校班子成员的管理能力、班子成员的创新能力、人力资源的运用能力和高校文化建设能力等几个方面组成。其中：高校的管理能力是保证品牌管理工作顺利实施教学、科研计划等各项工作的重要步骤，是实施预定目标的根本保证，是提升高校竞争力的前提条件。高校的创新能力是学校在竞争中获胜的重要环节，包括高校的制度创新、技术创新和管理模式创新三个方面。制度创新就是要结合本校的具体情况，建立全面可行的内部控制制度，实现科学、柔性的高校内部管理。技术创新是指高校要不断增强学校的创新意识，树立技术创新的主体地位，培育高校技术创新的机制，发挥技术创新在高校品牌建设中的作用。人力资源的运用和管理，就在于学校拥有人力资本的多少？在高校的品牌建设中，品牌的识别、定位、宣传、建设均离不开高校的主体——教职员工，决定学校发展的核心因素是人的知识和能力，拥有丰富专业性的人力资源的高校仅仅只能在教学、科研和学科建设等方面处于领先地位，而拥有高素质的大师级顶尖人才提升学校的品牌竞争力，为打造高校的强势品牌不断注入新的活力，使学校获得持久的竞争优势。校园文化是任何一所高校的精神支柱，它对学校的建设和发展发挥着"约束→导向→协调→融合→凝聚→提升→辐射"的重要作用。

根据以上分析，笔者遵循层次分析法的基本原则，建立高校教育品牌建设评价指标体系，见图5—1。

四、高校教育品牌评价指标的具体计算

1.构造两两判断矩阵

根据以上高校教育品牌建设的评价指标体系，确定各因素之间

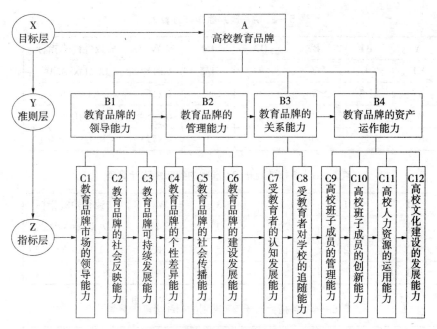

图5—1　高校教育品牌建设评价指标体系

的相对重要程度，建立两两判断矩阵，见表5—1。

表5—1　高校教育品牌建设两两判断矩阵分析表

各因素对目标的相对重要程度	重要性程度定义	重要性解释
1	同等重要	因素i和因素J同等重要
3	略微重要	因素i和因素J略微重要
5	相当重要	因素i和因素J重要
7	明显重要	因素i比因素J明显重要
9	绝对重要	因素i比因素J绝对重要
2，4，6，8	介于两个相邻的重要程度间	

2. 评价指标的具体计算

使用对数最小二乘法计算向量权重及对判断矩阵进行一致性检验，计算结果如下，见表5—2、5—3、5—4、5—5、5—6、5—7。

表 5—2　A—B 判断矩阵计算表

A	B1	B2	B3	B4	W	一致性检验指标
B1	1	3	4	1/2	0.3158	λ Max=4.20
B2	1/3	1	1	1/3	0.1165	CI=0.067
B3	1/4	1	1	1/5	0.0954	RI=0.90
B4	2	3	5	1	0.4723	CR=0.07 < 0.1

表 5—3　各指标对于 B1 准则的判断矩阵计算表

B1	C1	C2	C3	W1	一致性检验指标
C1	1	2	1/7	0.1499	λ Max=3.012
C2	1/2	1	1/5	0.1056	CI=0.006；RI=0.58
C3	7	5	1	0.7445	CR=0.011 < 0.1

表 5—4　各指标对于 B2 准则的判断矩阵计算表

B2	C4	C5	C6	W2	一致性检验指标
C4	1	1	1/5	0.1562	λ Max=3.048
C5	1	1	1/3	0.1852	CI=0.024；RI=0.58
C6	5	3	1	0.6586	CR=0.004 < 0.1

表 5—5　各指标对于 B3 准则的判断矩阵计算表

B3	C7	C8	W3	一致性检验指标
C7	1	7	0.8700	λ Max=2
C8	1/7	1	0.1300	CI=0；RI=0；CR=0

表 5—6　各指标对于 B4 准则的判断矩阵计算表

B4	C9	C1O	C11	C12	W4	一致性检验指标
C9	1	1	2	1/7	0.1176	λ Max=4.06
C1O	1	1	2	1/6	0.1564	CI=0.021
C11	1/2	1/2	1	1/4	0.1029	RI=0.9
C12	7	6	4	1	0.6231	CR=0.0233 < 0.1

表 5—7　高校各评价指标相对于总目标层（X）的比重

准则层 （Y）		B1 0.3158	B2 0.1165	B3 0.0954	B4 0.4723	各指标相对于 总指标的权重	权重 排序
指标层（Z）	C1	0.1499				0.0473	8
	C2	0.1056				0.0333	9
	C3	0.7445				0.2352	2
	C4		0.1562			0.0182	11
	C5		0.1852			0.0216	10
	C6		0.6586			0.0767	4
	C7			0.8700		0.0830	3
	C8			0.1300		0.0124	12
	C9				0.1176	0.0555	6
	C10				0.1564	0.0739	5
	C11				0.1029	0.0486	7
	C12				0.6231	0.2943	1

3. 进行总排序的一致性检验

根据表 5—7 的数据计算，我们不难看出，高校的文化建设和发展能力（C12）所占比重为 0.2943；高校教育品牌的可持续发展能力（C3）所占比重为 0.2352；高校受教育者的认知发展能力（C7）所占比重为 0.083；高校教育品牌的建设发展能力（C6）所占比重为 0.0767。笔者认为，这四个指标对总目标影响的相关度较高。一致性指标检验如下：

$$CR = \frac{\sum WiCI}{\sum WiRI} \frac{0.3158 \times 0.006 + 0.1165 \times 0.024 + 0.0954 \times 0 + 0.4723 \times 0.021}{0.3158 \times 0.58 + 0.1165 \times 0.58 + 0.0954 \times 0 + 0.4723 \times 0.9} \cdots (5—1)$$

$$= \frac{0.0146091}{0.675804} \approx 0.02162 < 0.1$$

通过以上分步计算表明，总排序的一致性检验显著成立，指标体系构建合理。高校教育品牌的建立，必须特别重视和关注文化建设和发展能力、教育品牌的可持续发展能力、受教育者的认知发展能力、教育品牌建设的发展能力。这四个能力的提升对高校的竞争力发挥着至关重要的作用。

研究总结

作者运用层次分析法构建了高校教育品牌的评价指标体系，分别为高校教育品牌的领导能力、教育品牌的管理能力、教育品牌的关系能力、教育品牌的资产运作能力四个二级指标和 12 个相关的三级指标，通过各因素的两两比较，建立了判断矩阵并计算出各因素对教育品牌建设的作用权重，最后进行的一致性检验表明，模型显著成立。随着我国高等教育管理体制改革的不断完善，高校之间的竞争日益剧烈，高校教育品牌建设显得越来越重要，相关的制约因素日益增加，笔者仅仅提供了一个方向性的参考意见，在今后的研究中还需进一步完善。

参考文献

［1］Behrman, Douglas H.and William D. Perreault, Jr.（1984）, A Role Stress Model of the Performance and Satisfaction of Industrial Salespeople, *Journal of Marketing*, 48（4）, pp. 9–21.

［2］Babakus, E., Cravens, D.W., Johnston, M. & Moncrief, W.C.（1999）, The Role of Emotional Exhaustion in Sales Force Attitude and Behavior Relationships, *Academy of Marketing Science,* Vol.27, pp. 58–70.

［3］Driver, R., Asoko, H., Leach, J., Mortimer, E., & Scoti, P., Constructing Scientific Knowledge in the Classroom, *Educational Researcher*, 1994, 23（7）, pp.5–12.

［4］Jackson, S .E . & Schuler, R.S.（1985）, A Meta-analysis and Conceptual Critique of Research on Role Ambiguity and Role Conflict in Work Settings, *Organizational Behavior and Human Decision Processes*, Vol. 36, pp. 16–78.

［5］Keenan, A, & Newton, T.J.（1985）, Stressful Events, Stressors and Psychological Strains in Young Professional Engineers, *Journal of Occupational Behavior*, Vol. 6, pp. 151–156；Jex, S.M., & Beehr, T.A.（1991）, Emerging Theoretical and Methodological Issues in the Study of Work-related Stress, *Research in Personnel and Human Resources Management,* Vol. 9, pp. 311–365.

［6］Kahn, R.,Wolf, D., Quinn, R., Snoek, J. & Rossenthal, R.（1964）, Organizational Stess : Studies in Role Conflict and Ambiguity, New York : Wiley ; Rizzo, J.R., R.J. House & S.I.Lirtzman（1970）, Role Conflict and Ambiguity in Complex Organizations, *Administrative Science Quarterly*, Vol. 15, pp. 150–163.

［7］Millar, R., Constructive Criticisms, *International Journal of Science Education*, 1989（11）, pp. 87–596.

［8］保罗·郎格朗:《终身教育导论》,华夏出版社 1996 年版。

［9］陈培瑞:《创新教育与教育创新》,《教育发展研究》2001 年第 2 期。

［10］陈肖生:《网络教育与学习适应性研究综述》,《中国远程教育》2002 年第 3 期。

［11］车宏卿:《企业如何成为学习型组织》,《中国国情国力》2002 年第 8 期。

［12］邓楠:《关于当前科技工作的几个问题》（国研网）,http://www.drcnet.com.cn/html-documet/guoyan/drcindex1/2002–04–03/。

［13］顾秉林:《一流大学建设若干问题探析》,《清华大学教育研究 》2007 年第 1 期。

［14］耿庆彪等:《科技创新·人才开发·全民教育》,《经济体制改革》1999 年第 1 期。

［15］韩信钊:《个体终身学校的状态与学习辅导》,《教育科学》2001 年第 1 期。

［16］胡建华:《对高校收费标准的思考》,《中国高等教育评价》2001 年第 1 期。

［17］郝贵生:《论"学习型社会"》,《天津师范大学学报》2003 年第 5 期。

〔18〕教育部官员:《大学生培养成本今年出标准》,http://edu.people.com.cn/GB/4278450.html。

〔19〕江泽民:《全面建设小康社会,开创中国特色社会主义事业新局面》(十六大报告),《人民日报》2002年11月8日。

〔20〕江海:《做"五有"新型班主任》,《班主任》2004年第4期。

〔21〕纪丕霞等:《我国大众化阶段高等教育质量观的重构》,《中国教育科学通报》2005年第11期。

〔22〕李从林:《大学生贫困成因的制度经济学思考》,《教育与经济》2002年第1期。

〔23〕李福华:《中美高等学校经费来源结构比较分析》,《教育与经济》2002年第1期。

〔24〕李森等:《主体性教育研究的反思与建构》,《西南师范大学学报》2002年第5期。

〔25〕李忠云等:《创新机制,实施人才强校战略》,《中国高等教育》2004年第3—4期。

〔26〕刘牧:《对我国实行高等教育成本个人分担政策过程中问题的理性思考》,《高教探索》2006年第6期。

〔27〕李维、肖化:《多元整合:教学论视域中的大学实验模式探究》,《高教探索》2007年第5期。

〔28〕李平:《团体心理咨询:高校思想政治工作的重要途径》,《思想政治工作研究》2008年第3期。

〔29〕联合国教科文组织:《学会生存》,教育科学出版社1996年版。

〔30〕楼世洲等:《培养时代需要的高素质人才》,《教育发展研究》2001年第1期。

〔31〕〔美〕彼得·圣吉著:《第五项修炼——学习型组织的艺术与实务》,郭进隆译,上海三联书店出版社1994年版。

[32] [美] M.E.斯皮罗著:《文化与人性》,徐俊译,社会科学文献出版社 1999 年版。

[33] 马陆亭:《高等学校的分层与管理》,广东教育出版社 2004 年版。

[34] 孟晓明等:《网络时代的教师素质》,《教育探索》2001 年第 1 期。

[35] 马玉杰:《终身学习与信息素质教育》,《教育探索》2003 年第 9 期。

[36] 欧阳霞等:《浅谈班主任的"五表"》,《班主任》2004 年第 8 期。

[37] 平爱红:《网络教学与传统教学模式的比较》,《湖北民族学院学报》2001 年第 3 期。

[38] 石中英著:《教育学的文化性格》,山西教育出版社 1999 年版。

[39] 宋文军等:《面对知识经济的高等教育在认识》,《教育理论与实践》2001 年第 2 期。

[40] 宋林飞:《"加入世贸组织"后我国人力资源开发面临的五大问题》,《世界经济与政治论坛》2001 年第 6 期。

[41] 宋晓平等:《大学校园与办学模式》,《中国高教研究》2004 年第 5 期。

[42] 宋伟:《大学组织设计层级模型分析》,《现代大学教育》2006 年第 5 期。

[43] 王家瑞等:《新时期国企技术创新人才方略》(国研网),http://www.drcnet.com.cn/html-documet/guoyan/drcindex1/2002-03-11/。

[44] 王啸:《教育人学内涵探析》,《华东师范大学学报（教育科学版)》2006 年第 1 期。

［45］王德勋:《高校机关领导干部应善于开展调查研究》,《中国高教研究》2004 年第 4 期。

［46］王斌:《用现代化手培养学生兴趣提高教学质量》,《中国高等教育研究杂志》2004 年第 9 期。

［47］文才:《我国教育经费投入和管理面临的主要问题与对策》,《教育与经济》1999 年第 1 期。

［48］吴遵民:《现代国际终身教育论》,上海教育出版社 1999 年版。

［49］吴梅兴:《当前我国高等教育公平存在的主要问题及对策》,《高教探索》2007 年第 1 期。

［50］吴开俊等:《高校学费依据教育成本收取的悖论》,《高等教育研究》2007 年第 1 期。

［51］薛源:《班级文化对学生人格的影响》,《班主任》2004 年第 4 期。

［52］谢惠媛:《努力增强高校思想政治教育的实效性》,《思想政治工作研究》2008 年第 1 期。

［53］叶媛秀:《大学生诚信道德教育模式需要创新》,《思想政治工作研究》2008 年第 6 期。

［54］袁维新:《科学概念的建构性教学模式与策略分析》,《教育科学》2007 年第 2 期。

［55］于艾等:《现代大学应适度引入经营理念》,《中国高等教育》2004 年第 7 期。

［56］张圣兵:《知识经济与教育产业化》,《教育与经济》1999 年第 1 期。

［57］张正堂:《"教师授业失职"的经济学分析》,《教育与经济》1999 年第 2 期。

［58］章达友:《人均可支配收入是制定高校收费标准的主要依

据》,《教育与经济》2000年第4期。

[59] 张凤昌等:《论"三服务"在和谐校园中的作用》,《中国高等教育》2008年第5期。

[60] 郑勇:《论柔性管理在现代学校管理中的应用》,《教育探索》2004年第5期。

[61] 郑禹:《励志教育:大学生思想政治教育的重要内容》,《中国高等教育》2008年第3期。

[62] 周邵生:《创建师生"交流"平台活跃思想教育形式》,《中国高等教育》2008年第11期。

策划编辑：郑海燕

装帧设计：徐　晖

责任校对：张杰利

图书在版编目（CIP）数据

高等教育改革论——高等教育改革的理论、实践与思考 / 者贵昌 著.
　－北京：人民出版社，2011.12

ISBN 978－7－01－010405－8

I. ①高…　II. ①者…　III. ①高等教育－教育改革－研究－中国
　IV. ① G649.21

中国版本图书馆 CIP 数据核字（2011）第 231935 号

高等教育改革论

——高等教育改革的理论、实践与思考

GAODENG JIAOYU GAIGE LUN

者贵昌　著

人 民 出 版 社 出版发行

（100706　北京朝阳门内大街 166 号）

北京龙之冉印务有限公司印刷　新华书店经销

2011 年 12 月第 1 版　2011 年 12 月北京第 1 次印刷
开本：710 毫米 × 1000 毫米 1/16　印张：14
字数：220 千字

ISBN 978－7－01－010405－8　定价：32.00 元

邮购地址 100706　北京朝阳门内大街 166 号
人民东方图书销售中心　电话（010）65250042　65289539